ちくま学芸文庫

朝鮮民族を読み解く

古田博司

筑摩書房

目次

朝鮮民族を読み解く——北と南に共通するもの

章扉デザイン　間村俊一

まえがき

本書が朝鮮民族というのは、東アジアの日本人と中国人の間に居住する朝鮮語を祖語とする人々のことを指している。この人々は地理的には朝鮮半島のみならず、日本領と中国領の境界をこえて居住している。すなわち在日韓国人・朝鮮人と中国の朝鮮族である。本来ならばこの地域の人々も含めて記述しなければならないのだが、本書のみでは荷が重すぎるしボリュームも足りない。本書では地理上の朝鮮半島に居住する韓国人と、北朝鮮の朝鮮人のみを対象としたことを、まず慙愧の思いでおことわりして置きたい。また今日に至るまでの歴史上のこの地域を語る場合には、朝鮮という語で一貫させた。このこともあわせてご了解願いたい。

筆者と朝鮮との出会いは、今からかれこれ二〇年ほど前のことになる。母校の大学内の外国語学校にはじめて朝鮮語が置かれ、ここに通ったときからであった。当時は教科書も辞書も不備な時代で、韓国人の先生のお手製の青焼き（まだ当時は今のようなコピー機もなかった）と金素雲著の辞書だけが頼りであったことを今も覚えている。学生は日本語の先生お二方と、学部生の私、それに同じく学部生で今日北朝鮮研究の第一人者となった畏友鐸木《すずき》昌之の計四人であった。当時、この友とはよく北朝鮮の『労働新聞』を辞書首っぴきで読んだり、彼の国のレコードを探して御徒町の韓服の仕立屋などを徘徊したものだった。今日の言葉で言えば北朝鮮おタクとでもいうのだろうか。我々の世代は学生運動終結後のいわば谷間の世代であり、既成のイデオロギーや「正義」は、もはや大した精神的拘束力を持ち得なかった。

その後地域研究の対象として、興味の赴くままに一九八〇年から六年間韓国のソウルに居住していたことがあった。めまいがするほど忙しかった時代といわれる全斗煥《チョンドゥファン》治世下の第五共和国時代である。この間に韓国に関する二冊の本を書き、同じ大学の職場で在日韓国人の今の妻と結婚しそして日本に引き揚げてきた。

このような経歴であるため、なぜ朝鮮をやるのかと、宿命的・因縁的なものを人に問われるとたちまち返答に窮する。好きだったから、関心があったからと答える以外にすべがないのである。在日韓国人のことは妻と結婚するまでは全然知らなかったし、関心もなかった。したがって私の韓国論には、在日韓国人を通してみるフィルターが全く欠如しているし、いまもこの点に関しては自重している。

また当時、日韓関係や日朝関係などのいわゆる朝鮮問題にもまったく関心がなかった。関心事であったのは、言語としての朝鮮語と、地域研究としての朝鮮史、それに韓国人の思考様式だけであった。日韓関係については、後にペンシルベニア大学の李庭植先生の著作を翻訳したときに勉強し、『戦後日韓関係史』（一九八九年）として出させていただいたときに初めてよく知ったという後発者である。

つまり現実の日本との関係をめぐっての問題意識など、自分の頭のなかには毫もなかった。問題意識は韓国で暮らすなか、彼らの反日感情に取り囲まれたり、韓国人の親友との交流を通じて、なぜこのように彼らは考え、感じるのかという素朴な疑問から、私の場合には発している。これを日本の過去の「負い目」からみて、「倫理的」に不純だと思われる方には返す言葉がない。とにかく私の朝鮮との関わりは無知から出発し、体験や資料の学習によりそれを埋めていくという過程を踏まざるを得なかったのであり、出だしがこうであったので、今でも朝鮮に対する態度は好奇心と研究意欲の域を一歩も出ていない。言い訳をさせていただければ、朝鮮に対し今までとは少し別の見方ができるだろう。そんなほどに自分を位置づけているに過ぎない。

それでも敢えて大上段に振りかざせば、既成のイデオロギーやその時代ごとの事の善悪にこだわらないものが書きたいと考えている。七九年にレニングラードの街角で感じたソ連邦崩壊の予感が、九一年に実現し、イデオロギーもその大義も何処かに消え去った体験が、私にそう言わせるのかも知れない。

朝鮮においても同様と思う。結局、倫理や大義をもって朝鮮を語れば、イデオロギーにからめとられ、長続きしない信仰として短いサイクルを終えるしかない。我々はこれまで、そのような朝鮮物の読物に何度も振り回されてきたのではないだろうか。少なくとも一九八〇年代の前半までの日本人の北朝鮮イメージは、前述の李庭植先生の本にも語られているように、「決然とした全知全能の指導者を中心とする遥かで聖なる社会のイメージであった」し、日本知識人の充足されない革命的ロマン主義を満たしてくれるという幻想が、三六年間の植民地支配に対する贖罪感を埋めていたのであった（李庭植、前掲書）。しかしそれが今の変わり様はどうであろうか。「貧困の独裁国」として、まるでこれ以上存続してはいけないかのように語られている。日本の多くの「良心的知識人」の方々に弓引くようで申し訳ないのだが、この国はまだまだ続くという予測をもってこの「倫理観」をひとまず裏切って置こうと思う。

他方、かつてはこの北朝鮮に比して、韓国の方が「暗黒の独裁国」として語られていたものだった。いうまでもなく朴正熙《パクチョンヒ》の維新体制と、それに続く軍人政権を悪とみての言説であった。しかし今はどうだろうか。朴正熙がいなければ韓国の経済発展はなかったといい、「開発独裁」なる語まで援用され、評価は北朝鮮とは対照的にプラスへと傾いている。八〇年に私が居住のために韓国に渡ろうとしたとき、多くの知人たちが危険だといって、真顔で止めたあの韓国。そのイメージが今ではかつての北朝鮮ほどプラスに転じている。このような逆転する朝鮮認識は一体どこから発するのであろうか。単なる経済主義を指標としての言説とは、私には到底思われないのである。

ある固定的な倫理観でそのときどきの朝鮮を見ること、これがそもそも客観的な態度でないのである。倫理観をもって見る限り、日本を含む東アジアの倫理観など大体善悪二分法の単純なもので終わってしまいがちである。それが朝鮮に適用され、「正義」の側につこうと雪崩《なだれ》をうって「良心的知識人」が位置替えをする。そのたびに基層の差別や蔑視は一方に投影され、他方はきれいに澄み渡る。朝鮮は日本の「良心的知識人」のカタルシスの場になっているのである。もしも善悪二分法を適用するなら、いまだに在日韓国人・朝鮮人の就職差別を続けている己の社内の（国内でなく敢えて社内の）「贖罪感」の真偽こそ問うべきだと筆者には思われるのだが、いかがだろうか。

本書は既存の倫理観やイデオロギーによって朝鮮を見たものではない。韓国も北朝鮮も同じく平等に朝鮮の歴史的個性を胚胎するものとして描かれる。それを見て善とか悪とか読者が思われるとすれば、それは筆者の意図するところではない。

朝鮮とご自分との「宿命的な倫理的出会い」を感じていらっしゃる読者には、筆者の筆は「冷酷」に見えるであろうし、過去の「負い目」のある日本人が言うべきことではないと感じられるかも知れない。しかしそれでは日本人には本音が言えないことになってしまう。賛辞や同情のサッカリンでまぶさなければ、傷口の描写を許さない風土があるとすれば、それこそ日本における朝鮮認識は、「良心的知識人」の単なるカタルシスの場であり続けることになってしまう。

あるいは韓国・北朝鮮を「近くて遠い国」と思っていらっしゃる読者にとっては、本書を読むと両国はますます遠い国として認識されるかもしれない。しかしそれは少なくとも知らない遠さではなくなる。「近くて遠い国」がいくら観念的に近くなっても何の意味があるのだろうか。それは依然として、現実的に「遠い国」であり続けているのだから。

筆者の思いは、今までとは違う朝鮮の姿に、そしてそこで生きる人々の思考に、少しでも多くの方に関心をもっていただければと願うところにある。自己のイデオロギーや観念的贖罪感の指標としてではなく、他の国同様のごく普通の好奇心からこの国々に関わる人が一人でも増えてくれることを願いつつ、つたないがまえがきとさせていただきたい。

一九九五年一月

筆者

第一章 韓国人の人間関係

ソウルの大学路(撮影＝藤本巧)

一、密着と疎遠

韓国の甘えの社会

経験と観察から話を起こすのがよいだろう。日本に居住する韓国人の間ではすでに廃れつつある慣習で、本国のネイティブとつき合って見て初めて分かる体のものがいくつかある。

筆者が下関の大学に勤務していたころの話である。

ある日突然、韓国の親友から電話が入る。いま東京に着いた、君もすぐ来いという。西も東もわからないから案内せよ、と。当地から東京まで新幹線で六時間以上もかかることを、彼は考慮しない。

知人や親戚を引き連れて、団体で訪れるものもいる。当地はふぐが名産だそうな、みなにふぐを食べさせてやってほしいと気軽にやって来るのである。これも突然、福岡空港から連絡が入る。国際電話なしに、みな体ごとまずやって来るのである。

このような人々と顔色を変えずにつきあえるか、ここが分かれ目だと私はいつも学生たちに話してきかせる。韓国人とつきあうには、彼らの極端な甘えを許さなければならない。その甘えの世界は際限がなく、受け入れられぬ場合の亀裂には底がないのだ、と。

わかりやすく彼らの友人関係の原則を述べよう。それは一言で、友人関係を保つには相手に徹底的に迷惑をかけるということ。しかし迷惑というのも日本的な発想なのである。彼らの側からいえば、ほんとうに迷惑なら友人ではない、という論理になる。したがって真の友人にはいっさい遠慮しないことが愛情だ、と彼ら流にいいかえたほうが麗しい。突然来訪するなどというのは最もよい愛情の示し方である。これこそ親密の極みである。

大勢知人や親戚をつれて来る場合には、その友人関係のきずなの強さをみなにあからさまに見せつけ、自分の知人ネットワークに対する信頼を磨きあげるという意図がある。自分は日本にこんなに無理の利く強力な友人がいるのだ、自分はこんなにも信頼のおける人物なのだ、と言いたい。要するに、日本は甘えの社会だとよくいうのだが、韓国に比べたら甘えははるかに少ないというのが、筆者の長年の実感である。

分裂や侵略で苦労をした民族であるから老練である、という思い込みは、はっきり誤解である。そうではなくて、根が甘えん坊でお人好しなので苦労したのである。そして苦労した分だけ疑り深くなった。

ここを押さえておかないと、韓国人の信頼関係がよくわからない。韓国では互いの甘えだけが信頼なのだ。したがって、大勢知らないものを連れてやって来るなどというのは、先方がよほどこちらを信頼していなければできない。それこそ国境を越えた信頼の極みなのである。

ではこの信頼関係しか知らない韓国人が、日本人と商取引をした場合、どうなるであろうか。

日本では先代から取引のある会社は、義理もあってなかなか関係を清算しがたいものだが、韓国では代が替わればまた新たな取引が始まるものである。ある意味では西洋型と思えるほどドライなところがあり、そのドライさは義理を信条とした日本人にはわかりにくい面を多分にもっている。もちつもたれつの義理の世界から見て不義理な人々だと思われる方もあるいはいるかも知れない。しかしその義理がそもそも国際語ではないのである。日本的義理は韓国人には通じない。「義理」という漢字語の意味さえ日韓では異なる。もちろん、「義理が悪い」とか「義理を返す」などという日本語は当然存在すらしない。代が替われば、先代との関係などご破算はあたりまえである。では信頼関係を続けるにはどうすればよいだろうか。新社長や幹部を日本に招待し、大宴会を催したり、寝所に至るまで暖かく配慮する。先方に出向いたときには、社長や幹部へのおみやげはもちろん、社員全員にこまごまとした記念品を配るのもよい。さらに新社長と兄弟のように仲良く、かつ濃厚につき合うことができれば最良である。そう、うんざりする。日本人には。

よく日本人は韓国人を人情の民族だという。韓国に出向いたときにとても良くしてくれるのでそう思うのである。しかしこれには反対給付がともなわなければならない。むこうが来たときには同じような歓待があることが前提にされているのである。なぜならば、彼の地では他人との間に絶望的な亀裂があるので、お互いにそうしなければ信頼関係が保てないのである。先方が良くしてくれた分だけ、あるいはそれを越える心遣いがない限り信頼関係が築けない社会なのである。一言でいえば、人間関係において、密着か疎遠かのどちらかの態度しかとれないこと。これが韓国人の人づきあいの基本である。つかず離れずという関係にはなかなかなれない。粘着か反発か、ねっとりとした一体感か両者はぜるような異物感か、どちらかである。もともと他者との亀裂が驚くほど深いのだ。のぞけばめまいのするような深さである。

翻って目を世界に転ずれば、他者との亀裂の深さは朝鮮民族のみではない。しかしそうした場合にも、契約とか信用、あるいは約束という釣橋が危うげながらかかっているものである。釣橋を一方的に切り落とせば、それなりの制裁もあるだろう。

しかし韓国人は違う。不特定多数との約束など一度や二度破っても構わない。事業に失敗すれば社会的に一応それなりの打撃はあるが、濃厚なる友人関係を別処に保ってさえいれば、友人は彼をかばい、そして援助するであろう。ただこのシステムは非常に不安定であり、たえず愛情エネルギーを充塡しておかないと、すぐにも作動しなくなる可能性がある。華僑の父の代の「信」のように継承性をもたないし、日本の長年の「義理」のように長期の見通しもない。不断に濃厚な「迷惑」の愛情をかけあうこと。それが基本である。

これを本書ではピエタス・インプット（情注入）と仮に呼ぶことにしよう。

システムが不安定なので、彼ら同士ですらいつも不安で、ピエタス・インプットで休むいとまがない。韓国人は毎日たくさんの人に会う。用もないのにやって来ては茶を飲み、ともに食事をする。消化しきれず、いきつけの喫茶店に全部個別の知合いを集めておいて、ボックスを飛び回っているものもいる。Aの人が終わったらBの人のボックスに移り、つぎはCの人へと移っていくのである。蜜なき里の蝶の乱舞である。

朝鮮民族の親族構造

なぜこのようなことになっているのかといえば、それは本質的に自分の血族しか信じられないという親族内倫理を、そのまま無媒介に社会全体に広げようとするからである。親族に近い擬制が可能である関係ほど信頼が増し、遠ざかるほど亀裂は深まる。

そこでまず朝鮮民族の親族構造について簡単にお話ししておかなければならない。

南北を問わず、彼らの社会は宗族《そうぞく》という細胞の集合体からなっている。

宗族とは男子の単系血族のことであり、それは祖先発祥の地（本貫《ほんがん》）を冠した同族名で示される。例えば牛峰李氏、慶州李氏、徳水李氏、といったようにである。牛峰、慶州、徳水といった本貫が異なれば、同姓の李氏であっても異族であり、族間に婚姻の禁忌はない。しかし同じ宗族のなかの男女はどんなに遠縁でも結婚できない。同じ男性の族祖から発した単系の血族と見なすからである。これは韓国では、民法八〇九条同本同姓婚の禁止という法律になっているほどの厳しさで、同じ宗族と気づかずに子をなしてしまった場合には、子は私生児になってしまう。これは韓国ではなんどか社会問題化したが、たびにうやむやになった。北朝鮮では、一九九〇年の訪朝時での筆者のインタビューによれば、法律にはなっていないが、暗黙の禁忌として守られているとのことであった。

この親族構造と族内婚禁忌の成立は、それほど古いものではない。李氏朝鮮王朝（一四世紀から二〇世紀）以前の王氏高麗王朝時代（一〇世紀から一四世紀）では、上流階級においてさえ同族婚が頻繁に見られた。李朝になって、何から何まで中国の模倣をするようになってから生じたものであることは間違いない。宗族の血筋を記した族譜《ぞくふ》という系図さえ、そのもっとも古いものは一五世紀あたりのものまでしか遡れないのである。

なぜこのような模倣をしたのかといえば、中国コンプレクスのかたまりであった李朝の王と儒臣たちが、獣のように同じ血のものが結びつく国だと中国人に侮辱されるのが嫌さに、懸命に民衆を教化したからである。その結果一八世紀の朝鮮人は、日本人のイトコ婚や夫の兄弟に再嫁する風を語って、「婚姻は同姓を避けることなく、同祖の兄妹が互いに嫁入り、嫁とりをする。兄嫁や弟の嫁も寡婦になれば、ひきいて養う。…淫穢の行いは、すなわち禽獣と同じだ」(申維翰『日本聞見雑録』、朝鮮通信使の記録)と侮蔑できるまでに成長したのであった。

朝鮮民族には、これからも繰り返し述べていくが、外国のシステムやイデオロギーを直輸入し、それをさらに純化させ、エスカレートさせる傾向がある。御本家より一段と極端に進むのである。

この同族婚の禁忌は歳経るにつれてさらに純化され、伝説や怨恨によって磨きがかけられた。たとえば許氏は自分たちの始祖を阿踰陀《あゆだ》国から船に乗ってやってきた許黄玉においており、彼女が金海金氏の始祖・駕洛《からく》国の金首露王と結婚し、その子孫を金氏と許氏に分けたという伝説を信じるため、今日でも金海金氏は遠い父系だといって婚姻しない。祖先が同時代に儒学の学問を競った仁同張氏と清州鄭氏では、どちらが師匠でどちらが弟子かという子弟確定の論争の果てに決裂し、二度と婚姻関係を結ばぬと誓い合って今日に及ぶ。済州島《チェヂュド》の高氏、梁氏、夫氏は、祖先が島の三姓穴という穴から同時に飛び出してきたという神話を信ずるために同じ父系宗族だということで婚姻できない。

また朝鮮の宗族は養子制度においても、中国産のイデオロギーを純化させた軌跡がある。それは異姓不養という慣習である。朝鮮では宗族の血を純化させるという幻想に邁進するあまり、養子は同族のなかからしか取れないのが原則になってしまった。この国では日本のお養子さんなど想像もつかないし、説明するのも困難である。なぜ他の血筋の者に家産をやってしまうのか分からないという反応が返ってくるだけである。中国人にとっては、子供は「養老年金」の代わりになるという発想があるから実際には養子は他の血筋から取るし、場合によっては買って来ることも禁忌にはならなかった。したがって日本の戦時孤児問題は中国人との間には起こり得ても、朝鮮民族との間には決して起きなかったのである。

では現実問題として、本家に男子がなく、他の分家にも一人しかいなかった場合にはどうするのだろうか。その場合には分家が絶えても、長男を連れてきて本家に補塡するのである。ちなみに朝鮮では分家が本家を凌駕することはありえない。本家が傾けば、分家が立て直す。あくまでも縦系列で祖先の血に近いものに優先権があるのである。

このようにして朝鮮で宗族が成立すると、やがて宗族内の人口の増加にともない、いくつかの分派を生じるようになった。分派した祖先の名をとって、何々宗族何々公派と自称する門中が彼らの存在保証となるのである。門中のために生き、門中のために死ぬ。歴史意識すら門中内に限定され、自分の祖先の勲功には多大な関心を示しても、朝鮮王国の歴史には関心のかけらもなく、中国の史書をひたすら暗唱する朝鮮型インテリが誕生したのである。

ここでは朝鮮民族の親族構造として宗族という用語を広義に用いるが、真に機能しているのはその下部単位の門中あるいは堂内（四代祖を同じくする血族）であるということを前提にして話を進めたい。

さて男子単系血族の宗族が確立すると、朝鮮人はそこに閉じこもってしまった。あとは他者との亀裂の浅い順に、学閥を基盤にした党派や、婚姻関係と一部重なる狭い地域での同郷人に、仲間意識をわずかに託す以外にはなくなってしまったのである。その社会集団の孤立性は中国より一層純化されたものであり、ギルドや幇（パン）のような義侠集団が経済的な活動を営むといった機会すら朝鮮史にはなかった。朝鮮民族は、血族を越えた者同士が信頼関係を結ぶというシステマチックな機構を歴史的に作り上げることなく、そのまま今日に至ってしまったのである。

他者との関係の不安定さ、人情（ピエタス）を絶えずインプットしないと容易に崩れる信頼関係。これに安定感を与え、システム化できるか否かといえば、現在の段階では困難との判定を下さざるを得ない。なぜならば他者との亀裂のもっとも深い部分で、韓国も北朝鮮も相変わらず伝統的な穴埋めをくりかえしているからである。つぎにこの穴埋めについて述べることにしよう。

二、亀裂と埋め込み

韓国人の内と外

筆者がかつて韓国の親友の結納の儀式に参加したときの話から始めたい。

一九八九年夏、親友李庸君からの音信が途絶えてから、すでに三年が過ぎ去っていた。韓国遊学時代の始めの二年余り、彼は私と同じ下宿のとなり部屋だった。釜山の病院の跡取り息子で、一浪したが無事延世大学の医学生となり、一緒に合格した弟と日々大学に通っていた。長男のため、一族の彼に対する期待は大きい。しかし彼は医学そのものが嫌いだった。彼は絵描きになりたかった。下宿にいるときは、弟が医学書を読んでいるかたわらで、彼が油絵を描いている姿が普通であった。

重圧から逃れるために彼は毎夜浴びるように酒を飲み、大暴れする。精神科にも通ったが、今度はトランキライザーの常用がたたって、学年ごとに留年をくりかえしていた。

彼の話相手は私だった。安易な慰め抜きの相手といえば、私しかいなかったということもある。当時、韓国語がまだよく聞き取れなかったというせいもあり、私だけが無言で彼の話をよく聞いた。

聞き取りが進むにつれて、その行動とは裏腹に、上品な風雅な人物であるということが次第にわかってきた。私は彼から朝鮮の文化を知り、語彙を蓄えた。そして何よりも彼は正直だった。答案に英語で書かずに母国語で書いて減点されたという彼とともに韓国の事大主義を憤ったり、英語の教科書に記された医薬品や実験器具がまだない現状で、空疎な医学論議をせざるを得ない当時の韓国の医学部を憂えたりもした。

彼は私に次々に自分の友人を紹介してくれた。それはすべて彼の出身地の慶尚道の人間、あるいはさらに関係の深い釜山の高校の同窓生や後輩たちであった。少なくとも朝鮮八道の他の地方に、彼の友人関係が及ぶことは決してなかった。

二年後彼は一年休学し、故郷で養生するということで下宿を出た。このとき私は韓国という外国で、圧倒的な寂莫を初めて感じた。その後、下宿やアパートを転々としたが、ついに彼に匹敵する友は現れなかった。

音信不通になって二年後、東部二村洞の老朽アパートに居を構えてから数日後、偶然にバス停で彼を見た。物理的にも、心理的にも韓国は人と人とがなかなか出会えない社会である。私たちは抱き合ってこの邂逅を喜んだ。聞くところによると、同じアパートの他の棟に三番目の姉と住んでいるという。

その夜のうちに彼は姉をつれてやってきて、また酒盛りの日々が始まった。

今度はソウルにいる彼の親戚や身内たちが次々にやってきた。よくもまあ、こんなにいるものだ、というほどにやってくる。そして身内たちと彼の間の驚くべき濃厚な愛情をかいまみる。姉上などとは日本の常識からいえば、新婚夫婦としか思えないほど関係が甘い。万葉の世の兄背《いろせ》妹背《いもせ》という感じである。

彼と身内たちの話から、二年間の音信不通の理由が次第にわかってきた。二年間の空白の間、彼は飲み屋の女性と同棲するなど再度留年はしたが、ついに最終学年にたどり着き、トランキライザーも克服し、今は兵役忌避に懸命になっているということであった。ここで軍医に送られれば、またまた卒業がのびる。父上も病気がちで早く跡を継がないと、病院を人手に渡さねばならなくなるとのことである。

投網にかかった魚群のように、身内のつぎには例の慶尚道の友人たちがやってきた。身内、親戚、故郷の友人、ここまでが韓国人のウリ（自分たちという意味）であることを、はっきりと知った。ウリの外の他者は、深い淵の向こう側にいるウリの対句にあたるナム（ストレンジャーという意味）なのである。私は外国人でありながら、彼らのウリに微かに手がとどいた。

　ふたたび彼との別れの日がやってきた。

　その日なぜか私は胸騒ぎがして彼のアパートを訪ねた。行くと、狭いオンドル部屋に身内や親戚がひしめくように集まっていた。釜山からはひっきりなしに電話が入っていた。父上が亡くなられたのである。掻き分けるようになかにはいると、人々の群れの中央に恐ろしい形相の彼がうつむいて座っていた。彼の卒業は間に合わなかったのである。

　朝鮮には破落戸《パラクホ》という言葉があるという。李朝時代の文人階級、両班《ヤンバン》の子弟が、この世の栄達を捨てて、野趣と風雅の道に生きるべく、宗族の外に飛び出すのである。しかし破落戸の自由の報いは、父の死とともにやって来る。父の思いを遂げられなかった不孝の悔恨が、彼の胸中に雪のように降り積む。それは遂げられぬ燠火《おきび》のような思いである。

　数日後、ふたたび彼のアパートを訪れると、彼はもうそこにはいなかった。連絡先の釜山に電話しても不通である。彼と彼の一族に大きな変化が起こったことを、ひそかに推測するのみであった。

再び内側に入る

　それからさらに三年後、私はすでに韓国を引き揚げて、下関の市立大学に就職していた。

夏のある日、ふと思った。釜山に渡って彼を捜してみようと。幸い下関は釜山の対岸である。関釜《かんぷ》フェリーで渡韓は容易だ。しかし手がかりといえば、かつて下宿時代に彼から聞かされていた、釜山の病院周辺の心象風景しかない。あとは、日本領事館の近くで、草洞《チョドン》にある耳鼻咽喉科という情報、それだけである。果たして彼に会えるだろうか。

不安な思いで関釜フェリーに乗り込み、翌日タクシーを駆った。日本領事館の近くをぐるぐると回り、草洞付近を徘徊した。幼少期の彼の記憶のインプリントであるから、今の地理とは全然違う。あきらめてタクシーを降り、徒歩でむやみに徘徊した。

そのうちにふと閃いたのである。そうだ、市場にいけばわかるかも知れない。韓国では市場だけが唯一、見知らぬ人々、つまりナムが人情で交流できる場所なのである。今度は草洞の市場の店を一軒一軒尋ねてまわった。むかしこの辺に大きな耳鼻咽喉科の病院はなかったか。情報はそれだけである。無謀といえば無謀だが、私にはなぜかこの無謀さが、韓国の伝統的な人捜しの方法なのではないかという直感に似たものがあった。

市場の人々はいずれも驚くほど親切だった。ものを買い値切るときのあの険を含んだ交流とは別のものがあった。そこへ座れと、一杯の粥を饗してくれる店主までいる。いくたびかの戦乱のなかで、生き別れになった人々がこうして市場を尋ね歩いたに相違ない。韓国ではまれびととは尋ね人のことなのである。

もてなされつつ待っていると、店主がそれらしい病院を知っているというアジュモニ（見知らぬ既婚女性）をつれてきた。話を聞くと、確かにその病院はあった、しかし今は生けす屋になっている。とにかくそこへ行ってご覧ということであった。丁重に礼を述べて、行ってみると、まったくの生けす屋であった。病院の面影は微塵もない。さて、困った。

期待を殺すことなく、熱をこめて店のアジョシ（見知らぬ男性）にたずねた。すると意外にも、うんわかった、ちょっと待てという。コンクリート床の向こうに区切られた事務室に消えてしばらくすると、彼は一枚の紙切れをもって現れた。

「前の人はここに住んでいるよ。電話してご覧」。

あっけない捜査行であった。韓国人は、移動のたびに連絡はしない。それこそ疾風のように去って行くのだが、きたるべき出会いの日のための手がかりを必ず残すのである。理由はきわめて単純だ。別れは悲しみである。避けねばならない。再会は喜びである。かならず会わなければならないのである。

早速電話すると、彼の母上が出られた。こちらがあの日本の友人とわかると、たちまち会話は日本語になった。会ってもいないのに、実に私のことをよくご存じである。こちらは何もいうことがなく、つぎの指示を受けた。息子は今度結婚することになった。明後日、結納の式がある。すぐに電話をしてソウルに飛べ、と。

ホテルに入って電話をすると、懐かしい声が返ってきた。よく来た、詳細は母に聞いた。ついては結納をするから、おまえも結納の式に出ろ、という。韓国では結納の品を花婿の友人たちが、花嫁の家に運ぶのが現在の慣行となっている。知識として知ってはいたが、そのような大事な儀式に慣習の意義もわからぬ外国人を携わらせてよいものだろうか。何というおおらかな人たちだろう。啞然とも、感動ともつかぬ不思議な感情と漠たる不安を抱きつつ、私はソウルに向かうべく金海《キメ》空港に急いだ。

つぎの瞬間に何が起こるかわからないこの国では、あちらこちらに友人がいることが非常に重要である。私はソウルの友人宅に旅装をとき、翌日所定の場所に無事到着した。やがて彼と彼の弟がゆったりとした足取りで現れた。なんと懐かしいことだろう。うれしいのでやたらと記念写真を撮りあった。互いに立派になったな、あのときの飲んべえが、あのときの馬鹿が、あのときの犬の糞が、と心おきなく友情の悪口を言いあい、親しきなかには礼儀なしを満喫する。このおおらかさと、裏表のまったくない単純さが韓国の醍醐味なのである。

意外に思われるかも知れないが、韓国人はわれわれ日本人や老練な中国人に比して、驚くほどおおらかで、そして単純なのである。こういうと、「まさか、あれだけの民族の試練を経た人々が……」というのが日本人のおおかたの反応である。つらい歴史だったのだから絶望して当然だと、絶望の押売りをする日本人までいる。しかしそれこそ余計なお世話なのだ。最後には俺たちが可哀そうな存在だとでもいうのか、と怒りの言葉が投げ返されたりもする。

事実は多くの日本人にとっては奇異なものかも知れない。絶望するには彼らはあまりにも現世の生に忠実にすぎたのである。ではどうしたか。悲しみを笑い飛ばしたのである。深刻に思い煩わず呵々大笑したのである。

もちろん一方では笑い飛ばせなかったものもいた。この人たちはどうしたか。勉強して、理論武装したのである。眉間にしわをよせ、頭のなかに詰め込んだ思いを声高に相手に押しつける韓国人のもう一つのタイプ。こちらのタイプの方がマスコミによく登場するので、日本ではおなじみかも知れない。

私は日本人の目からみると、韓国人には二つのタイプがいると、よく韓国の友人たちにいう。一つは前者の、朝鮮語で「ヌグッタダ」(ゆったり、おおまか)なタイプ、もう一つは後者の「コージシッカダ」(まじめで頑迷)なタイプ。

李庸君が、自分はどちらだと尋ねたので、答えた。いまのところ「ヌグッタダ」なので私はつきあえるのだ、と。しかし将来はわからない。君子は往々、豹変するから。

韓国の結納儀式

そうこうしているうちに、慶尚道出身の彼の友人たちが集まってきた。みな顔見知りである。しかし例の倭人（つまり私）が来ていたので、さすがに驚いたようすであった。後から考えてみると、この結納の式、納幣（ナッペ）を託されていた友人たちは計四人。宝玉、食物、金品の入った納幣のつづらを担ぐ通称馬の役一名、馬を引く馬夫一名、花嫁に贈る衣装つづらを持つもの一名、後述するが、花嫁側の男たちと交渉するもの一名。以上四名。これで人数はまったく足りている。私がいる必要はないのだ。ところが申し訳ないことに、私が衣装つづらを預かったために一名もれてしまった。彼は馬夫をつとめ、馬夫が二名という変則的な形で儀式が始まった。

写真を見ていただくとわかるように、つづらを背負った馬役が、顔にスルメに目の穴をあけた面をつけている。これは本物のスルメであり、当然ひどく臭う。その両側にたづなを取る馬役の二人が写っている。体上方をそらせている手前の馬役の後ろで前方をしきりに気にしているのが、花嫁の家から出てきた男衆である。右端に、交渉役が写っているが、手に現金封筒をもっているのがわかるだろうか。これにカメラをもっているため、写真には出てこない筆者、以上が登場人物である。

友人の結納儀式

さて儀式は午前一〇時頃始まった。まず五分ほど歩いて婚家へ向かう。全員やれやれといったていで、道路に座り込む。酒が飲みたい、つまみはないか、といい始める。すると、婚家の女たちが膳をもって現れ、さあたくさん召し上がれという。ここで一時間ほど酒盛りをする。

そろそろ行くかと立ち上がり、また五分ほど歩く。やれやれ疲れた、また休むかといい始める。婚家から写真の男がやって来る。交渉役と交渉を始める。なんとか早くとどけてくれ、ついてはここに現金封筒がある、これで帰りに一杯やってくれという。それならばと、さらに三分ほど歩く。この納幣運びのじらしと、花嫁側のせかせのやり取りがこの儀式のパターンなのである。儀式後、納幣運びの側はこのとき受け取った現金をまとめて街にくりだし、大宴会をすることになっている。したがって何回もじらすほど、花婿の友人の側は満足のいく結果を得ることになる。馬役が臭いスルメの仮面をつけているのは、婚家からやって来る年上の気迫と情に負けて走り出さないため、また年上に無言の陳謝を臭い仮面によってささげているのだという。

そうこうするうちに、ああのどが渇いたと、また言いはじめ、もうこれ以上一歩も歩けぬと腰をおろす。新婦家からまた膳をもった女たちが現れ、酒食を饗する。また延々と酒盛りが二時間近く続く。婚家のあるアパートの敷地内でやっているのだから、目的地はすぐそこなのだ。まわりのアパートの住人たちがおもしろがって、窓から顔を出しては色々と声をかける。男たちは笑いながらもっとゆっくり歩けと言い、女たちは早く行けとののしる。女たちは気が気でなかった自分の過去を思いおこしているのであろうか。

さて我々一団であるが、今度は食後の運動をしようということで、またのろのろと歩き始める。例の男がまたやってきて現金封筒を渡し、もっと歩いてくれと交渉する。今度は彼は少し脅した。前にもいい気になってのらくらしすぎた奴らが、新婦家の男たちに袋だたきにあったそうな。お前たちも気をつけろという。これは少し効き目があって、一行をすこし余分に歩かせた。冗談なのか、本気なのか、よくわからない。おそらく両方だろう。冗談のきつい、実に韓国らしい儀式である。

現在では、納幣は花婿の友人たちが運ぶが、李朝時代には下人たちが運んでいた。もともとは両班《ヤンバン》家同士の婚姻のときの慣習が残ったものなのである。貧しい下人たちはこのときとばかりに両班家をじらし、金品をたかった。結納のみならず、輿入れの際も、下人たちはゆっくりと歩き、じらし、たかった。新婦家の両班たちは、そのたびに散財し、はやく納幣を、輿を、家にいれよと督促したのである。日本植民地時代には富裕な家が、下人の歩く一歩一歩に日本札をおいて、輿入れをいそがせたという話もある。沿道は日本札の絨毯になったともいう。

我々一行はこのじらしとたかりを繰り返し、なおもゆっくりと進んだ。すでに日は傾きつつあり、家々に灯がともり始めた。新婦家はもう目の前に見える。

ここでまたも、どっかりと座りこむ。酒持って来い、肴をだせ。倭人の私は、呼んでくれた感謝の一方で、実はうんざりしていた。始めてからもう六時間以上もたっているのだ。腹は苦しいし、路上で御不浄にも行けない。加えて参加しているうちに気がついたものが、次第に明らかな形をもって意識に浮かんできたからである。この儀式のパターンは、現在の韓国人労働者の経営者に対する行動パターンそのものなのである。

うんざりが顔に出たためだろうか、家の前でたむろしていた新婦側の男衆たちが一斉に私に襲いかかった。この倭人からまず運びこめ、と号令一下、私は胴上げのような形で男たちにつり上げられ、家に運ばれてしまった。一角が崩され、つぎつぎに友人たちが雪崩《なだれ》込む。全員が入ると皆でつづらの前にしかつめらしく整列、伝統の礼拝を捧げ、あっけなく儀式は終わった。

三、下賜と寄食

みんなで食べよう

寄食は現代では悪いことである。しかし中世では悪いことばかりではなかった。ヨーロッパの封建領主など、家族と臣下団をひきいて一年中自分の領地を回っている。各地で散々に食べる。大宴会をくりかえし、そのおこぼれを民衆にたまう。村人は群がり、たかる。食いつくすと、またつぎの土地へ移動する。貴人の口をつけたものには霊力が宿るし、たかりが富の再分配にもつながっていた。

日本も同じであった。地主の家に小作人たちが飯を食いにやってくる。地主は拒むことを知らない。それが階級を前提とした再分配であったから。これは農村社会学者、有賀喜左衛門の描く世界である。

中国人はむかし吃大家（チーターチャ）といって、飢饉などあると一斉に地主の家へ群がって食いつくした。たかり尽くし、食べ尽くし、かくして均等なる分配が貫徹する。論語の文句ではないが、東アジア人は「すくなきをうれえず均《ひとし》からざるをうれえる」のである。朝鮮儒者で高官であった柳希春の日記『眉巌日記』を見よ。諸処に記された貢納物や、手下の役人から届く贈物の長大なリスト。米三斛、清酒一盆、中酒一盆、牛前足、牛胸肉、ノロ鹿生肉、干しイシモチ二〇束などなど。これらが祖先祭祀のたびに消費されていく。そもちろん近隣の村々の民衆たちは両班家をとおまきにして、そのおこぼれにありつく。そうでなければ、とても消化できる量ではない。

民衆はたかる。貴人富者はたかられる。こうして富のかなりの部分が再分配されてゆく。たかることは良くない、と人々が思い始めたのは、経済行為が分配から生産へとその主目的をずらす過程で生じてきた。再分配していたのではパイはいくらたっても大きくならない。パイを大きくするには、たかりを食い止めなければならないのだが、それに成功することは容易でない。精神の綱わたりを要するのである。

つぎに見るように北朝鮮では、上からの下賜と下のたかりが、恩情という人情になっているため、この伝統からいまだ抜けでていない。

ある日彼女は一幹部からきれいに包んだ紙包をもらった。その幹部は親愛なる金正《キムヂョン》日《イル》同志が贈られたものだといい、さあ開いて見ろといった。彼女は興奮の面もちで紙包を開いた。そこには高級万年筆と学習帳が入っていた。……彼女が人と違うお心遣いを受ける根拠といえばなにもない。しかし御方は、彼女が平凡な労働者の娘であり、そして党と首領を命を捧げて守る戦士であるので、このような恩情深い愛をお与えになったようである。(「党員に育っていった意義深い日々」『労働新聞』一九八八年五月一八日付)

私たちが親愛なる指導者同志(金正日)に感謝の贈物を謹んでさしあげたとき、親愛なる指導者同志はむしろ、韓キヂュン同志は愛国者だ、この同志の家庭は愛国的な家庭だと高く御評価くださり、恩情深い愛の贈物まで送ってくださいました。……親愛なる指導者同志は手ずから宴会費までお送りくださり、国家宴会に劣らぬ大宴会を設けてくださり、私の体が虚弱だとおっしゃり、貴重な山人参と鹿茸、山蜜などさまざまな補薬も送ってくださいました。(「限りなく慈愛深いオボイ(親)であらせられる親愛なる指導者金正日同志にさしあげます」『労働新聞』一九九〇年一二月三〇日付)

下賜とたかりが「円滑に」機能している社会では、下賜は恩情であり、たかりは再分配である。それが悪であるという観点をもつには精神の近代化がいる。

それをもつと、下賜とたかりはたちまち、雇用者のせかしと労働者のじらしという形に変ずる。雇用者は労働者のサボタージュを回避するために物品を下賜し、労働者はサボタージュによって雇用者をじらし、たかり分を増やそうとするのである。

北朝鮮がすでにこの精神段階に入っているかは不明であるが、少なくとも韓国ではありふれて見られる労使の関係である。これは日本人が韓国人と仕事をすれば、かならず経験することであり、筆者もいくどとなく出会った。ここではいちばん新しい体験をお話ししよう。

九一年のことである。筆者は韓国の出版社から三冊目の日本語教科書を出すことになった。原稿を送りゲラになって出てきたときに驚いた。韓国のゲラは日本と違い真っ赤になるのが通例だが、前の二冊とは違う植字工の意図をゲラ中に見たからである。明らかに故意に間違いをくりかえし、故意であることをこちらに知らせようとしていた。二項目にわたる事項をわざと一項目にまとめて植字したり、活用表をばっさりと断裁して二頁にわたって別々に印字したり、露骨に原稿の指示を無視しているのである。初校には穏便に私信をつけけた。「植字なさる方へ。我を苦しめること勿れ」。

しかし二校目でもやまぬため、編集部に私信を添えた。「両班家の結納でもあるまいし、つづらを担いでじらすのはやめよと、伝えるべし。貴社が安い給金で植字工を雇うものだから、李朝時代のじらしをやっているではないか。これでは花嫁の輿も花婿の家にはいれない。ニム（ぬし）をまつ花嫁が可哀そうではないか」と書いた。

三校目には「ご明察」との編集部の私信が添えられていた。編集部で給金を上げたのかは定かではないが、ようやく故意の誤植がなくなってきた。

亀裂と共同会食

もう一つの例。私には韓国で食品の会社を経営する在日韓国人の友人がいる。彼は在日韓国人の差別される韓国で、流通関係企業の一社員から、その子会社の社長に昇進した有能な人物である。その経営手腕はたいしたもので、それを買われて創立以来赤字しか出したことのない食品会社の立て直しを命ぜられた。労使紛争のこじれにこじれた会社であった。

工場に行ってみると、誰一人として社の帽子をかぶっていない。全員を集め訓辞を垂れた。お客さまが見えたときに、全員が帽子をしっかりとかぶって整然と働く諸君の姿を見れば、どんなに好印象だろうか。帽子をかぶりたまえと、一席ぶった。しかしこれがまったく通じないことを彼は身をもって体験した。彼らには顧客という概念すらないのだと気づいたのである。

彼らが気にしていたのは、社の上役のみであった。彼が視察に来るときにだけ、彼らは帽子をかぶったのである。彼が来るという情報は、なぜか事前に工場に入っている。そこで彼は抜打ちの視察を開始する。そしてついに帽子をかぶせた。この間、二カ月かかったという。

つぎに彼が取りかかったのは、働かずにふんぞりかえっている工場の上層部の排除であった。社員を集め、このままでは諸君も私も共倒れになる、それでいいのかと恫喝をくりかえした。この過程で、これではたちいかぬと積極的に発言したものを集め、とにかく飯を食わせた。特待の恩恵をほどこし、共同会食の一体感をもたせたのである。下賜と寄食の伝統をプラスに転じ、恩情を強調した。

このようにして同志を増やし、工場上層部の外堀、内堀を次々と埋めていった。そしてこの過程を上司に報告し、許可を得ると、彼は上層部の飛ばしを断行したのである。以来経営は正常化し、着実に生産、販売は向上しているという。

さて、ここで問題なのは、この伝統が労働者側のサボタージュと容易に結びつくことであり、雇用者側の果てしない共同会食の浪費につながるということである。両班家の下人たちは、結納のつづらを担ぎ、じらし、そしてたかった。それが喜ばしい民俗の儀式として人々の笑いを誘いつづける限り、この伝統が彼らによって完全に敵視されるに至ることは、なかなか難しいと言わざるを得ないだろう。

我々日本人も、上位者に贈物をし、別の上位者からそのおすそわけにあずかるという伝統をもつ。これが賄賂とたかりという悪形態に広く転化する前に、お中元という、贈答とまったく関係のない概念を用いて、これをシステム化する動きが生じた。中元をお盆のおつかいものに重ねて、贈答を狭い期間に閉じこめたのである。この変化が日本の百貨店を中心に生じてきたのは、明治四四年頃のことだという。

朝鮮民族の下賜と寄食に、この形式への封じ込めがおこるだろうか。

問題なのは、これまで繰り返して述べてきたウリとナムの間にある深い亀裂である。宗族、門中、堂内という男子単系血族に存在保証を求め、亀裂の浅い順に、学閥を基盤にした党派、婚姻関係と一部重なる狭い地域での同郷人にまでしか広がらないウリの人間関係。それ以外の他者（ナム）との協働組織を歴史的に経験したことのない朝鮮民族が、はたしてその関係の成立に成功するかということである。

これに成功しない限り、亀裂を埋めるべく共同会食をくりかえし、危うい一体感に絶えず人情（ピエタス）をインプットしなければならない。上のものは恩情の名のもとに下のものを集めて食わせ、下のものはこの恩情がなければ、じらしのサボタージュで対抗する。そして上は恫喝し、下はたかるという構造から脱却することができないと思われるのである。これは韓国の場合、汚職の温床をつねにかかえ、資本の蓄積を同時に妨げる要素を胚胎したまま、外国企業との経済交流を行うということを意味する。

朝鮮民族にとっておそらく最も賢明な方法は、自分の血族以外は究極的に信じられないというエトスを根本から解放し、ウリ以外の人々との協働組織に一体感をもたらすことであると思われるのである。

しかしこの教化がすでに北朝鮮で試行済みであるといえば、読者は驚かれるであろうか。北朝鮮では、血族を越えた運命共同体の創出に躍起になっており、それを忠孝一致の「団らんの大家族」国家に限りなく近づけようと努力し続けているのである。

それは国家と血族の二つの中心点をもつ楕円の世界を、金日成《キムイルソン》という核をもちいて一つの中心点に収斂させようとする試みであったと、ひとまず言うことができるだろう。これは楕円を楕円たらしめようとする儒教の本来の理想をさらに超克せんとするものであり、明確に日本思想史の「忠孝一致」に近い。

異なるのは、二つの中心点の間の溝が深すぎることであり、中心点を重ねるためには、ウリとナムの亀裂の埋め込みがぜひとも必要だということである。

つぎに章をかえて、北朝鮮で試行された独自なウリとナムの亀裂の埋め込みを見てみよう。

第二章❖北朝鮮の古くて新たな挑戦

平壌の凱旋門

一、北朝鮮イデオロギーの大転換

中華コンプレクスの都

話の核心にはいる前に、一項をさいて、北朝鮮の思潮に触れておきたい。

一九九〇年四月から五月にかけて、筆者は日本国際政治学会東アジア分科会訪朝団に随行を許されて、北朝鮮は平壌《ピョンヤン》を訪れる機会を得た。

朝鮮民航機で北京空港を飛び立ったとき機内に流れたメロディは、かれこれ二〇年前朝鮮語を習い始めた頃に覚えたあの懐かしい「金日成将軍の歌」であった。「満洲平野よ語れよかし、密林の深き夜よ語れよかし、万古のパルチザンが誰なのか、絶世の愛国者が誰なのか、ああその名も恋しい我が将軍……」と、独り口ずさむのもおかしい。

着陸のときは、これも思い出深い「首領さまの万寿無疆を祈ります」という曲が流れた。「首領さま」（朝鮮語のスリョンニム）とは、ゲリラの頭目や党派の長を指すが、北朝鮮では金日成主席への敬称になっている。歌の歌詞は「偉大なオボイ（親という意味）首領さまを仰ぎ、人民は万寿無疆を祈ります……首領さまのその恩恵をとこしえに伝え、一片赤心、忠誠を尽くします」という内容である。ここには「オボイ」と「忠誠」というキーワードが見えるので、この歌の作詞年代を推定することができる。後述するが、金日成首領のことをオボイ（親）といい、彼に対する忠誠の教化活動が始まるのは一九六七年以降のことである。

重ねて私事で恐縮だが、筆者の趣味は北朝鮮の歌を集めることで、朝鮮語を始めた一九七二年から今日まで、彼の国のレコードやカセットテープ、CDを随分と収集した。中には日本の盆踊りの曲のような「十大政綱の歌」や、「歩兵の本領」そっくりの革命歌などの逸品もある。

そもそも筆者の朝鮮語学習は、大学の頃、当時毎日新聞社の北京特派員でいらっしゃった先輩、石川昌氏（『金正日書記その人と業績』などの著作がある）のお宅を訪問したときに、北朝鮮のレコードを拝聴し、その清澄な調べに魅せられたときにはじまる。しかし後に学習が進み、それが「首領さまの志が赤く咲いたよ」という歌であることが判明したときには、意外な個人賛美の内容に愕然としたものであった。以来執念のように北朝鮮の歌曲を収集し続けている。

さて、空港についた我々一行は四台の黒塗ベンツ（！）に分乗し、一路平壌市街に向かった。

生活臭漂う真の住居のある裏路地はともかく、平壌の街路に面した外観は巨大建築物の展示会場のように静粛かつ明澄であった。天翔ける千里馬《チョルリマ》の像、巨大蓮華のごとき五・一競技場、たいまつを象《かたど》った一七〇メートルの主体思想塔、日本植民地時代の平壌神社前に建てられた朝鮮革命博物館と、その前庭の大仏と見まごうばかりの巨大な金日成像など。人影まれな幽寂たる街路に金剛界曼陀羅の華開く、とでも言うべきであろうか。その演出の迫力には、ただただ息をのむばかりであった。

息をのんで、はっと気がついた。この街を形作っている精神は、日本でいえば奈良の都は平城京に似ているのではあるまいか。唐長安の街に範を取り碁盤の目のような街路をひき、唐に負けまいと局所局所に巨大な建築物を配していた中華コンプレクスの塊のような街、平城京。巨大な東大寺と盧遮那仏は、ときを越え、ここ平壌の革命博物館と金日成像に甦ったかのようであった。

金正日書記が指導して建設されたという牡丹峰区域の凱旋門。パリの凱旋門より一〇メートル高いと『朝鮮観光案内』（一九九一年）の説明する、巨大な模倣の矜恃があたり一帯を睥睨する。

▲朝鮮革命博物館前の巨大な金日成像

◀柳京ホテル

大同江の中州、綾羅島にある一五万人収容可能という五・一競技場。後にメーデー祭に招待され、実際に観覧してみてわかったことだが、これほど大きいと中央グラウンドで何を競技しているのかよく見えないほどである。

普通江地域の三角形の巨大な柳京ホテルなどは、まるでスター・ウォーズの宇宙船が大地に突き刺さったようだ。平壌の手本になった街は明らかにモスクワであるが、局所局所に巨大建築物がバベルの塔のごとく天空をあざむき、そそり立っている。

韓国はソウルにもこのような精神をかいまみることが可能である。たとえば、光化門の教育保健ビルなどは、虎ノ門のアメリカ大使館と同じ設計の巨大なデフォルメであるし、慶熙大学のキャンパスには中世のゴシック建築もあれば、ギリシャのパルテノンすら丸ごとそびえたっている。ソウルの場合には平壌とちがって純然たる計画都市ではないので、目立たないだけにすぎない。ここではただ、歴史上中華思想に抑圧され続けた周辺文化圏の諸族には、共通のコンプレクスによる一種のあがきのあることを指摘しておけば充分であろう。しかしそれは、そこからいざ解放されてしまうと、たちまち滑稽に変わってしまう体のものであるが……。我が国もついこの間、大和という異様に巨大な軍艦を造ったことが思い出される。

のんきな野遊び

これより平壌郊外の主体科学院宿舎に向かう。

途中、平壌近郊の川辺では人々が春の野遊びをしていた。飲めや歌えの大宴会でいかにも楽しそうであった。

これを韓国では「野遊会《ヤユフェ》」、北朝鮮では「野会《ヤフェ》」という。

親しいもの同士が食べ物や炊事道具を持ち寄り、ひがな一日川辺や野辺で飲みかつ歌い、踊り、遊ぶのである。これは朝鮮民族古来の風習で、シャーマンや仏僧を呼んでやっていた高麗時代の野辺のたまよばいの祭（野辺で先祖の魂を呼び、子孫とともに宴会飲食する祭）の残骸である。李朝時代、他教をけっして許さなかった非妥協的な朝鮮の儒臣たちは、たまよばいの祭をするものには、断固として百叩き、拷問などの厳罰で臨んだ。弾圧により古俗が姿を変えてのこった証拠に、この風習は儒教からみて野卑や野蛮に通じる「野会」の名をもって自らを卑しめている。朝鮮民族のこの野（遊）会を単なるピクニックと思っていらっしゃる方がおられるが、さにあらずであり、弾圧により変形したとはいえ、朝鮮古俗の由緒ある雅な「遊び」なのである。

それはともかくも筆者は、韓国同様北朝鮮でもこの風習が温存されていることを知り、我が意を得たりであった。朝鮮民族はやはり三国時代から「群衆歌舞、昼夜絶えず」と称された遊び心をこらえることのできない楽天的な人々であることが亮然と分かるからである。

中世朝鮮語では遊びをノラス（現、ノルム）というが、仕事のことも同じくノラスといった。仕事の方のノラスは、現代語では仕事上の役割という意味のノルスに意味をせばめているが、もともと朝鮮語では遊びと仕事とは同じ語彙であった。確かに貧しくはあるが、のんきに暮らしていたのである。

北朝鮮の新聞記事などを読んでいると、穀物高地占領とか二〇〇日生産闘争とか書いてあり、労働にひたすら駆り立てられる民衆を想像してしまい、のどかな野遊びの情景など間違っても浮かんでこない。しかしこれは逆であり、遊び好きの人々を何とか働かせる苦肉の宣伝・扇動なのだと知るには、やはりこの野遊びを見るにしくはないのである。彼らは我々のような「資本の奴隷」ではない。政治集会をさぼると主人に消される「政治の奴隷」にすぎないのである。

やがて主体科学院は平壌近郊の山間に忽然と現れた。夜は朝鮮カッコウのポックッ・ポックックッと鳴く声の悲しく透きとおる、人里離れた僻境である。このようなところに招じ入れられたなら、先方があらかじめ当方を隔離・教化のつもりであることは覚悟しなければなるまい。朝鮮民族の教育熱心さというのは、韓国でも名高いように、自由な教育のことではなく、過激な既存概念の注入そのもののことである。朝鮮語で「教育を植える」という語彙が明らかに示すように、「また俺の頭の中に何か入れる気か！」と、叫びたくなる体の教育熱心さのことを意味している。ましてや教育と教養が同じ単語（キョーヤンという）である北朝鮮では、我々に「教養」が強要されることは必至であった。

変貌した主体思想

以後予想どおり連日にわたり、ときには夜遅くまで主体科学院側との哲学問答が始まった。ただこちらの参加者たちの頭も並でないので、みな教化と思わず「討論」と思い込んでいたというのが、私の実感である。朝から晩まで北朝鮮の国家の指導理念である主体（チュチェ）思想について延々と述べる彼ら。これに対してしっかり質問し、ノートをとって分析する集団というのも先方にとってもやはり異様であったに違いない。この訪問団は私以外はみな現代中国研究、共産主義研究のエキスパートであり、これぐらいの思想教化ではびくともしないのである。参っていたのは朝鮮専攻の私だけだったかも知れない。事実、朝鮮語がめくるめく脳漿に響いて神経をやられ、胃痙攣をおこして私は三日目に倒れてしまった。

そのような「討論」会のなかで、金日成総合大学総長や党の要職を歴任され、現在は朝鮮労働党中央委員会書記局の書記で、北朝鮮最高のイデオローグの一人、黄《ファン》長《ヂャン》燁《ヨプ》先生と、二度にわたり合計八時間半に及ぶ話の場をもてたことは、朝鮮思想史を研究する一学徒の私にとって望外の幸せであった。北朝鮮イデオロギーの重要な部分がこの方から発されていることはほぼ間違いないからである。

以下は、北朝鮮の指導理念である主体(チュチェ)思想について彼らが語った内容である。あらかじめ言っておけば、社会主義国家の理念イコール、マルクス主義という「既成概念」を取り払ってから読んでいただきたい。彼らはマルクス主義などとうに脱却しているのである。では、始めよう。

一、マルクス主義は物質によって政治的生命を規定する。よって人間精神による主体的な改造の側面が捨象されてしまう。この点、マルクスより人間存在を重視したフォイエルバッハの方が優れている。

二、主体的な人間は禽獣とはことなり自主性、創造性、意識性をもつ高貴な存在である。逆に人間が自らを禽獣と分ける基準は「主体性」である。

三、人々が主体的に生きるには、人々を統一させるための司令部である脳髄が要る。これが首領であり、党は中枢、民衆は手足あるいは細胞である。これらは人体のように有機的に結合している。

四、主体思想は、神でなく、人間を信ずる宗教である。

以上四点である。

戦時中に日本国体思想の洗礼を受けられた方や右翼運動をなさった方には、三点目が懐かしいかと思われる。政体を人間の身体に摸する有機体国家論である。かつての国体論では、皇室が脳髄、内閣が中枢、臣民が手足といわれていた。

儒教（朱子学）に関心をお持ちの方は、一点目に人間と禽獣を鋭く分け、倫理にもとるものを「禽獣にも劣る奴」と罵る道学者を連想されるかも知れない。これは明らかにマルキストの言ではなく、横町の寺子屋の先生や書堂の道学先生の言である。「大日本帝国」時代の我々の祖先も、米国人・英国人を鬼畜生にも劣る奴らだということで、「鬼畜米英」といっていたことが思い出される。

マルクス主義者の方々あるいは左翼運動の経験のある方々は、そもそもの第一点目で啞然とされるだろうか。フォイエルバッハを善しとするなど言語道断かもしれない。経済的には依然スターリン型集権統制を引きずりつつ、頭だけマルクスを抜けでた北朝鮮の往く末が案ぜられるだろうか。

宗教家の方は四点目に驚かれるかもしれない。この四点目ゆえに、世界基督教統一神霊協会の教祖文鮮明師は一九九一年一一月に北朝鮮入りし、金日成首領と握手をかわすことができたのである。

以上が現在の北朝鮮の指導理念、主体（チュチェ）思想の変貌した姿なのである。もともとの金日成の主張していた主体思想とは、中ソ対立の頃に中国・ソ連にたよることなく、朝鮮民族独自の道を歩もうというほどのハウ・ツー思考でしかなかった。しかしこれが民族意識の肥大とともにやがて絶対視され、金正日が後継者となる一九八〇年代からは、はっきりと上記のように変わってきたのである。

金正日は一九八二年の論文「主体思想について」でまず上の二点目を強調し（これについては金日成も七〇年代から同様のことを繰り返し言っているのだが）、一九八七年に発表された論文「主体思想教育で提起されるいくつかの問題について」で三点目の有機体国家論を打ち出し、一九九一年一一月に文鮮明を呼び、一九九二年一月には「結局マルクス主義は社会主義制度が成った後には、革命を継続し、社会主義、共産主義社会をどのように建設するかという問題については、正しい解答を与えることはできなかったのだ」（金正日「社会主義建設の歴史的教訓と我が党の総路線」一九九二年一月三日）と述べ、主体思想がマルクス主義の延長線上に既にないことを示したのである。

こうして主体思想は教団の教義となり、教祖の教権は当然ながら子供に伝えられた。社会主義国家で世襲などとんでもないと目くじらをたてる方には、自由主義国家の常識をこ

社会安全局（警察）の女子職員と筆者

の国からはずして見ることと、同じく自由主義でなかった日本の過去を振り返ること、ならびに歴史が進化するなどという人類の横柄さを捨てることをお勧めしたい。
　しかし筆者もたいそうなことを言えたものではない。
　我々訪朝団の北入りが一九九〇年四月であるので、筆者は上記の第二点目と第三点目（これを北では「社会政治的生命体」論という）については知っていたが、第一点目と第四点目についてはこのとき初めて聞き、驚愕してほとんど椅子からころげ落ちそうになったのである。
　ソ連東欧を始め次々と社会主義計画経済国家が瓦解するなかで、北朝鮮が従来どおりマルクス主義を保てないであろうことは容易に推測できたが、はっきりと観念論に回帰し、これに伝統の儒教的自然観と国体論流の有機体国家論をミックスし、「人間を信ずる宗教」だと言い切るとは、朝鮮思想史上、驚天動地の大転換、大回帰である。

社会主義の優位性を信じて国家建設に励んできた人々が、今やそれが否定されていく現実に少しずつ追い込まれている。かつての神国日本、鬼畜米英を謳いあげ、滅んでいった「大日本帝国」の末裔である我々が、どうしてこの必死を罵倒できるだろうか。罵倒すべきはむしろ、かつて我々を増長させ、いまも北朝鮮を幻想の自己満足に安住させ、韓国を忌むべき傲慢に陥れている、儒教的思考、朱子の遺産である。

自己を君子とし、他を禽獣に近きものと侮蔑しつつ、自己の精神的勝利を高らかに謳いあげる朱子学の伝統。女真の金に追われ、モンゴルの元に追いつめられながら、なおも彼らを蛮族と罵りつつ滅びていった南宋人のコンプレクスが、東アジアになおも特殊な民族主義となって凝っているのである。

二、職業差別観と労働蔑視の伝統

朱子の教えた差別観

主体科学院の日々は瞬く間に過ぎた。筆者も五日目には何とか床を離れたが、この間にうけた北朝鮮の人々の厚い看護は忘れられない。

部屋まで様子を見にきてくださったお医者さん、特別食を運んでくれた女性接待員（当地ではチョニョ・ドンム、つまり乙女同志というそうである）、部屋の備品を代えてくれた服務員のアジョシ。ただこのアジョシについ失念して何もあげなかったところ、備品はたちまち回収されてなくなっていた。あわてて日本からもってきたお菓子をあげた顚末もあったことはあったが……。

「乙女同志」たちはみな純朴で挙措風雅、宮廷の侍女のようであった。

朝食の給仕の際、彼女たちが胸に金日成バッジをつけていないことに気がついたので、なんの気なしに尋ねてみた。北朝鮮国民は一九七〇年代から金日成バッジをつけることになっているので、つけていないことがいかにも変則的に見えたのである。答えは「接待の仕事をするのに、首領さまの肖像を身につけていては失礼に当たります」というものであった。

私はまたしても韓国と同じ精神に出会ったと思ったのである。

実に朝鮮半島居住の朝鮮民族では、接待業は賤業なのである。

韓国の場合、食堂、床屋、酒場などはとりわけいやしまれる。悲しいことにこの間には序列があって、食堂のウェイトレスは床屋の女店員をさげすみ、床屋の女店員は酒場のホステスをいやしみ、酒場のホステスは自分たちは旅館の女たちとは違う、「自分たちはあのようなチムスン（動物、禽獣）ではない」と力強く主張するのである。接待業を侮蔑する意識は韓国ではあまりにもひどいため、次のように学校教育のなかで、改めるべく教化している。

我々は自分にサービスする人に対してありがたい気持ちをもたなければならない。自分にサービスする人を馬鹿にしたり、そのサービスを受けることが自分の当然の権利だと考えるのは間違いである。それはちょうど私のサービスを受ける人が私を馬鹿にすること、または私の家族のなかの誰かからサービスを受ける人が、私の家族を馬鹿にするのを私が望まないのと同じことだ。（韓国文教部『中学校道徳、三』一九九〇年）

北朝鮮と韓国と一体どこが違うのだろうか。接待業を恥じる意識は朝鮮民族の精神の基底にしっかりと根をおろしていて、一方ではそれを金日成への不敬を避けるという新「倫理」にすりかえ、一方ではただ下を見て賤しみ、そして安堵する。

自らを顧みれば、日本族である自分にもこの意識がまったくないといいきれるだろうか。下を見ては安心し、上を向いては嫉妬、焦燥に駆られる。東アジアはみなそうだと、ある人が言っていたが、要するに歴史上水平分業がよわく、縦わり社会であるため、「職分」の上下に敏感な人々の住む地域なのである。

この敏感さにつけいったのが、朱子の儒教である。存在にはもともと、聖人・君子・小人・禽獣・草木の差別があり、より優れたものがより劣ったものを統治するのはあたりまえである。劣ったものは気が濁っているのだと、朱子はこう決めつけた。

この意識が定着すると、人々は「士農工商」とか、「知足安分」とかいいだした。分をまもって生きよ、人間はその地位に即して楽しまないときは私欲に陥ると、これも朱子が言った。朱子の統治イデオロギーは、中国の朱子官学の威光を背負って、またたく間に東アジアを席捲したのであった。

この被害を一番多く受けたのは朝鮮民族であった。李朝のインテリたちは、誰が君子で誰が禽獣に近いか、激烈な論争と、党派争いを始めたのである。敵は小人か禽獣、自分たちは君子というわけである。

一七世紀後半から一八世紀初頭を生きた金昌翕などは、人品をさらに細かく分けて後進への教えとしている。

余はかつて人品を六等に配分し、つねに後学に切々とこれを勧善懲悪の基準とせよといってきた。第一は聖人である。きず一つなく、万理がことごとく明らかなもの。第二は大賢である。道が完全で徳そなわり、かわらない。第三は君子である。我が身のふるまいに恥を知り、四方に使いに出ても、君命をそこなわない。第四は善人である。宗族が、その孝をほめ、郷里の人が悌をほめる。第五は俗人である。身を濁世に処して害を避け、利におもむく。第六は小人である。欲が深く卑しいことは犬や豚、むごくも人を損なうことは蛇やさそりのようなものである。(『三淵集』巻三二、日録)

これがインテリだけのコップのなかの嵐ですんだのならよかったのだが、朝鮮では彼らの教えが王朝権力を背景に、イデオロギー教化となって全国津々浦々におよんでしまった。商人などは右の基準でいえば、第五番目の身を濁世に処し利をもとめる俗人である。当然いやしまれ、私商・密商と称されて、ことあるごとに弾圧された。商店などは王朝御用達の特権商人以外は禁止され、二〇世紀初頭まではこの禁が解かれなかったのであった。

朝鮮の職分意識

最近韓国の一部の学者たちは近年の経済隆盛の喜びを歴史に反映させ、李朝時代のソウルの街が殷賑《いんしん》をきわめたように描くことを得意としているが、王朝御用達商人たちの余り物が、細々と売られていた鐘路《チョンノ》の商店を見聞した明治の日本人の記録にも目を通すべきであろう。

> 四面墻壁をめぐらし、街路に面したる方に出入りするだけの門あり。その内の長廊を仕切り、各廛房（店のこと）の設けあるものなれば、何品をどこにて売るか、客には知るに由なきより、一種の「客引」あり。（現代文に表記改め——筆者）

日本の感覚からいえば、商店というよりは、出店を恥じる江戸の岡場所の雰囲気である。

これは明治時代に朝鮮にわたり、朝鮮古美術蒐集の基礎を築いた鮎貝房之進の、『市廛攷』からの引用である。鮎貝はあるいは次のようにもいっている。

尹国馨は朝鮮に「店舗」なき原因を「我国人皆貧乏」としあるも、商業の発達せざるが為めに貧乏たりしものにて、その原因は他に求めざるべからず。「国民に信用なく売買の標準物たる国貨」の行われざりしも、その一原因といわざるべからず。（現代文に表記改め——筆者）

李朝時代の一般庶民は、商人卑賤視、商業抑圧のイデオロギーとその実践の被害をまともにこうむり、ほとんど自給自足に近い極貧の経済の中で五〇〇年間の生の営みをくりひろげねばならなかったのである。

この商業蔑視観は遺産として、確実に北朝鮮にも受け継がれていたことは、次の金日成の言葉からもわかる。

働き手の中には、商業を軽視し蔑視する人が少なくありません。一部の商業部門の働き手は商業に従事するのを卑しいことと考え、仕事で積極性と創意を発揮しようとはしません。（金日成、一九五五年六月二九日演説。「国営及び協同団体商業を改善するためのいくつかの課業について」）

商業従事者は自分の仕事に誇りをもつべきです。一部には、商業を軽視し、商業に従事するのを卑しいことのように考える誤った見方さえあります。（金日成、一九五七年二月一四日演説。「商品流通事業を改善強化することについて」）

現今の北朝鮮からはこのように率直な発言はもはや聞きたくても聞かれないが、韓国の方では相変わらず、中小企業は事業を恥じて育たず、仮家（仮りの家。韓国語でカゲという）と称される商店は、岡場所のように客を待ち続けているのである。

そしてさらに第一章でも述べた宗族（男子単系血族）が、この職分意識に敏感に反応する。

宗族は人々に見下され、粗略にあつかわれる商人や接待業をひどく嫌うのである。そこで儲けた金を子弟につぎこみ、一流大学におくり、さらに外国留学の勲章をそえて、法曹界や学界や、できれば最上位の政界に送りこみたいと考える。一部の人でなく、全国民がそう考えたとしたなら、商業活動などは一代の恥でしかない。一族の者が見事に功なり名を遂げれば、一族全体が一躍特進して、肩書に流れ込む富に寄食できる。与党代議員にまで至れば宗族が彼のまわりに群がり、一生を労働から解き放つ道を模索できるのである。

この歴史的個性が、どうして韓国だけのものと言えるだろうか。

私は北朝鮮、主体科学院の女性接待員たちの職業差別意識から、この国にも同様の「利己主義」が存在するであろうと推察したのである。金日成いわく、

かつて朝鮮人は貧しい生活をし過酷な労働を強いられていたために、なんとかして息子や娘たちに労働させせまいと考えたものです。かれらは遊んで暮らすのを羨ましく思い、娘を育てては労働しない人に嫁入りさせることを望みました。人びとのなかにはいまでも座って事務をとるのを好み、汗を流して働くのを好まない人がいます。（金日成、一九六〇年三月九日演説。「技術人材養成事業を一層うまく行うことについて」）

この汗を流して働くことを嫌う人々に、労働の神聖さを注入するため北朝鮮が選択せざるを得なかった道は、人はみなそのおのおの与えられた分限で人生を輝かせなさいという新たな「知足安分」の教化であったと思われる。

この教化の果ての民衆が、今日どのような姿になっているかは次の一労働者の「信仰告白」にも似た手記が如実に示してくれるだろう。

私は運転台を操縦し、鉄山峰の運鉱道を走る運転手だ。この道を走り、この道でどのように生を輝かすかを、私は五局二細胞の党員たちの忠誠と孝誠の高みに照らして深く考えてみた。私も彼らのように分哨を競い、鉄山峰の運鉱道をつないでゆき、生の瞬間を忠誠と孝誠で飾ろう。これが私の決心であり、意志だ。党は私に恩情深く自動車を託してくださった。私は自動車の運用と、技術管理を責任をもってし、車の予防防水対策を徹底的に打ち立て、つねに稼働できるよう保障することによって、鉱石運搬計画を日別、月別、分期別をこえて遂行する誇りを奮いたたせよう。(茂山鉱山連合企業所からの手紙「党に従う一路に」運輸隊第一中隊、金キョンムン『労働新聞』一九九〇年一二月二三日付)

この間三〇年、自己の宗族のみに存在保証を求め、労働蔑視と職業差別観の伝統下にあった民衆に、勤労意識と安分意識そして社会に対する一体感をどのように植えつけていったのだろうか。それを解く鍵は、この労働者の手記中の「忠誠と孝誠」の一語にあると思われる。

三、忠孝一致の倫理教化

食べる死者

北朝鮮の当局者たちが三〇年の歳月をかけて取り組んできたこと。それは自己の血族以外は究極的に信じられないという不信の社会を解放し、宗族をこえた人々との協働組織に一体感をもたらし、労働蔑視と職業差別観の伝統を乗り越えることであった。そのためまず宗族がその紐帯を確認しあう、祖先祭祀を否定しにかかった。

我が人民は人が死ぬと祭祀をします。もちろん、人には因縁というものがあるため、儀礼としての祭祀にすべて反対するわけにはいきません。しかし故人をしのんで花束をそなえるのならいざしらず、香をたき故人の前に餅を供えてなんの意味があるでしょう。これは封建時代の古い思想と習慣のあらわれです。（金日成、一九六八年三月一四日演説。

「学生を社会主義、共産主義の真の後続隊に教育教養しよう」）

朝鮮民族は祭祀というものをする。

死者の命日にするので日本の法事のようなものと思いこんでいる人がいるが、違うのである。日本の法事は祖父までの三代を限りとしているが、朝鮮民族の祭祀は四代祖の両系、つまり曾々おじいさんと曾々おばあさんまでする。

一番大きな違いは、仏式ではなく、儒式ですることである。それも朱子の言説とされる『朱子家礼』という儒教の儀礼書を鵜呑みにしてする。儒教の祖先の祭というと、日本では歴史上定着しなかったので、おそらく読者にはすぐには察しがつかないものと思われる。そこでまず大上段に振りかざしても、儒仏の相違について一言そえておかないわけにはいかない。

儒教と仏教のもっとも大きな違い、それは儒教にはあの世がないということである。

人間が死後のことを考えるとき、そのとり得る態度には可能な組合せが、おそらく四種類あろうかと思われる。まず死んだら何も残らず、かき消えて無くなるという態度。これは無神論の立場である。第二に、天国とか地獄とか別の場所に行くと考える立場である。キリスト教やイスラム教など多くの宗教がこれに属する。第三に、よその場所に一時行くが、また生まれ変わってこの世に戻ってくるという考え方がある。いわゆる輪廻転生を基本にする仏教やヒンズー教がこれに属するだろうか。第四は、死後もたましいがこの世にそのまま居残るという立場である。これが儒教である。

しかし有史上の死者のたましいが全部居残るとこの世が霊魂で充満してしまうので、困った朱子は、時間がたてばそれも雲散霧消すると言ってしまった。しかし消えてしまえば、祭る意味がなくなってしまうので、子孫がいればそれに先祖が感応して散ったものもまた集まるという苦しいいいわけをした。

死者を祭るということで、その論理が最も不完全なものが儒教なのである。

高麗時代の仏教を捨てて、それこそ全人民が朱子の儒教に馴化することが強要された李朝時代の朝鮮では、仏僧を弾圧して街から追い払い、「あの世」をつぶして廟をつくらせた。この廟に居残った先祖のたましいを祭るのである。

これは結局うまくいかず、家に一間祭室をつくらせて祭るということでなんとか落ち着いた。これが今日朝鮮式家屋にのこる大庁《テーチョン》マルという部屋の起源である。

困ったのは何代までの先祖の祭祀をするかで、これは朱子がごまかして逃げたので朝鮮の儒者たちは本当に困ってしまった。何代目あたりで、雲散霧消するのかがわからないのである。そこで一七世紀頃まで、三代まで、いな四代まで、という論争をしている。一八世紀頃になると、ほぼ四代まで祭ることで定着を見た。

さて、たましいがこの世にとどまるので、子孫は祭壇を設け、食べ物をささげて、祖先が飢えて餓鬼にならないようにご飯を送りつづけなければならない。これが儒教の祭祀の根本理念である。筆者はかつて韓国の祖先祭祀を目撃する機会を得たが、その祭壇は祭壇というよりは、まるで食卓であった。

祭壇に山海の珍味を山と積み上げるのだが、このときの肉と魚の配膳がおもしろい。魚を東におき、肉を西におく規則になっている。これは中国の地図を思い浮かべれば分かるように、東が海に面し、西が内陸部である大陸の産物を象《かたど》ったものである。朝鮮は東も西も海であるから両方とも魚の配膳になるはずなのだが、そうはならなかった。日本のように間で変容させて受け入れるということを彼らはしないからである。丸のまま受容するのが彼らの外来物受容の基本である。

さて、この食べ物（祭需、朝鮮音でチェスという）を男の子孫が匙ですくって、祖先の霊に食べさせてあげる。最後には、お食事すみましたかという合図に、咳ばらいを二、三度技巧的にしたりする。まさに『中庸』のなかの「死につかえること生につかえるごとく、亡につかえること存につかえるごときは、孝の至りなり」を実践し、生きて食事をするかのように、子孫は祖先の霊に給仕するのである。

そしてこの儀式が終わると、血族が集まり、祭壇の珍味をみなで分けて食べるのである。祖先の手をつけた食べ物には霊力が宿っており、これを食べることにより一族の男子多産がかなうと信じられているのである。これを、福を飲みこむということで「飲福」という。このような死後の祖先にたいする奉養（生きているようにするのだから、つまり養うのである）を、儒教では生前の奉養とひっくるめて「孝」という。さらにいえば男の子孫を生んでおくことも、自分への奉養を確保しておくという意味で「孝」である。このため現在でも、韓国では嫁が男の子を産めないと、暗黙の離婚要件になってしまうのである。ゆえに北朝鮮で、前記のように一九六八年という時点で、金日成がはっきりと伝統の祭祀を否定的に語ったということは、実は大変なことなのである。儒教の「孝」で武装していた宗族の武装解除を図ったのである。

金日成が親になる

そしてこれと前後して六六、六七年頃から、金日成こそ人民のオボイ（親という意味の朝鮮語）であるという教化が始まる。

一九六六年一一月一六日の党機関紙『労働新聞』に、もと抗日パルチザンの児童団員で、父をなくし、金日成を父と慕って育った金玉順の手記「熱きオボイの愛」が掲載される。

ここでは金日成の「オボイの愛」が五回、「オボイの心情」が一回、計六回「オボイ」がリフレインされ、高らかに謳いあげられた。
つぎにオボイという語が同新聞紙上に現れるのは、翌六七年九月三〇日である。ここでは熱烈な詩になって登場した。

太陽の熱きに比せようか
海の広き深きに比せようか
あなたのその熱き愛
ついぞ母にも感ぜざりし我らなり
ついぞ父にも感ぜざりし我らなり
我らの手をかたく握られ、おっしゃったお言葉
首領よ
広くも深いあなたのその愛のなかで
我ら鋼鉄の戦士と育ちました
四千万を勝利へ導くあなたの呼び掛けならば
青春も幸福も未来も命も、歓びささげる我らです

ゆえに今日もソトク金版職場建設に
青春の情熱を滝と浴びせて
忠誠の塔を空高く積み上げます
あなたのオボイの愛のなかで翼を広げた
この地の千里馬《チョルリマ》は力強く駆けます

金日成を実の父母よりも尊い「オボイ」とし、これに「忠誠」をささげよという教化は、宗族の理論武装解除とほぼ並行して始まるのである。

ありていにいえば、宗族などやめよ、祭祀などやめよ、かわりに金日成をオボイとたてまつり忠誠をつくせ、という教化である。

六八年からは金日成の、すでに死んでいる両親、祖父母まで敬おうという運動が始まる。父母、祖父母、曾おじいさん、曾おばあさんと、各宗族が自らの血族のなかで祭祀をして敬っていた対象から、全人民のオボイである金日成の先祖にその誠敬を移せというのである。

よくこれは金日成への個人崇拝と、その一族の聖家族化といわれるのだが、内実はそのような西洋的な概念とは一味も二味も違う。単なる個人崇拝ならば、「スターリン・カンター夕」のように金日成を「アボジ」（父）と讃えればすむはずである。しかし金日成はオボイ（親）である。加えて、祖父母、曾祖父母まで登場させる。ルーマニアのチャウシェスクでも、そこまではしなかった。彼の地では死者のたましいはこの世にのこらないからである。

金日成の頭のなかには、明確に伝統の宗族と祭祀があったし、その乗り越えこそ、宗族を超越する協働組織への一体感をつくりあげ、血族の「利己主義」を打破する道だという気概があったであろう。しかしそのために、自分の宗族をもってきたのは、いかにも苦しい。これでは自らの尾をはむ虎である。したがって金日成は婉曲に祭祀を否定的に語ることはあっても、宗族に直接の刃をむけることはなかったのである。

以後、オボイ金日成にたいする忠誠教化は七〇年代を通じて延々と続けられたが、北朝鮮の人々が少なくとも上層部においては、宗族をすてなかったことは明らかである。かつて日本にやってきた主体科学院のある一員は、自分のところでは祭祀をやっているし、族譜も保持していると、筆者に明瞭に語った。今回の訪朝時のインタビューでも、ある幹部は自らの本貫（一族発祥の地名）を即答し、祭祀と族譜の保持を明言した。しかし一般民衆に尋ねると、本貫も答えられなければ、族譜の存在も知らない者がいる。ある一般人は、祭祀は一般名節である寒食（四名節の一つ。冬至から一〇五日目に墓参し冷食をささげる）の祭に共同墓地に家族で詣でるだけと語った。

ここには上層部だけが伝統の宗族を保持し、一般民衆はその保持を許されなかった二重構造の世界があるように筆者には見受けられた。民衆は自己の宗族の成長を抑制され、そのぶん金日成の宗族に自らをつなげるべく教化されていると考えられるのである。

金日成に孝行せよ

金正日はこの民衆にさらにオボイ金日成との一体化を教化する。

この章の第一項で述べた有機体国家論、首領・党・大衆を一つの生命体と見なそうという「社会政治的生命体」論の登場である。

金日成首領を生命体のオボイ、親のように生命をくれた人と思うべしという教化は一九八七年頃から、金正日とそのイデオローグによって開始された。前回のオボイ教化と忠誠教化が、中ソ対立の危機感を引金として始まったように、今回の教化もソ連・東欧の社会主義崩壊の危機と無関係ではありえない。宗族細胞の集合体という朝鮮民族の社会の、内側の脆弱さが、これできりりと引き締められる。

つぎに金正日は「孝誠」ということを言いだした。生命の父であるオボイ金日成に孝行せよというのである。

この孝誠教化は党機関紙『労働新聞』紙上では、一九八九年三月二四日から始まった。林ヂョンマンの「首領は人民大衆に真の生をあたえるオボイ」という論文がそれで、ここでは「孝誠」の語が合計一九回リフレインされて、謳いあげられた。しかしこの教化にはかなりの困難がともなうであろう。金正日にとっては金日成は父であるから孝行の念も深かろうが、全人民にこれを期待しようというのであるから。

この教化で、思わず苦笑と慙愧の念がこもごも去来するのは、我々もかつて忠孝一致で苦しんだ祖先たちの歴史を共有しているからであろう。ただ日本の場合には超克すべきは血族ではなかった。江戸期までに血縁社会をすでに脱し、地縁社会となっていたが故に、よその血筋の君主であろうと、日本では「君父一義」と言えたのである。

北朝鮮では事情が逆である。朝鮮は、父親には絶対服従だが、君主は義が合わなければ立ち去ってもよいという朱子の言説を支えた宗族社会である。「よその血筋の金さん」に父と同じ絶対服従を誓う義理は本来ないのである。李朝の儒臣にしても、王さまに自分の義の尺度に合わない行動が目だち始めると、つぎつぎと仮病を使って郷里に帰ってしまった。忠孝一致の思想家、吉田松陰が、孔子や孟子さえも王さまが愚かだと思うと生国を離れてよその君主のところへ行ってしまう、なんと義のない連中だと怒った、あの東アジアの世界なのである。

金日成は、自己の血族をもつ多くの人民にとって、本来ナム（他者）である自分を、果敢にもウリの中心であるオボイ（父母）に据え、一九六七年以来頑張ってきたのである。なぜか、それは国家と血族の二つの中心点を自分の一点に収斂し、ウリとナムの亀裂を埋め、大衆に国民としての一体感をもたらすためである。

金正日時代に入ってからこの幻想はますます肥大化して、日本の国体論から学ばれた国家論が教化され、金日成は「生命のオボイ」となり、孝誠（孝行）の対象とされた。

そしてこの筋書きには続きがある。一九八九年夏からは、この孝誠を金日成とともに金正日にも捧げよという教化になり、一九九〇年冬からは金正日をオボイとする記事が党機関紙『労働新聞』に載りはじめるのである。そして九三年の五月二六日の社説では、ついに「忠孝一心」という言葉が登場し、一四回リフレインされた。

はたして、北朝鮮はウリとナムの亀裂を埋めることに成功したのだろうか。それは金日成と金正日の金家（全州金氏）のなかだけの宗族利己主義で終わるのだろうか。その解答は、金正日時代に持ち越されることになるだろう。

第三章❖宗族か民族か「個人」か

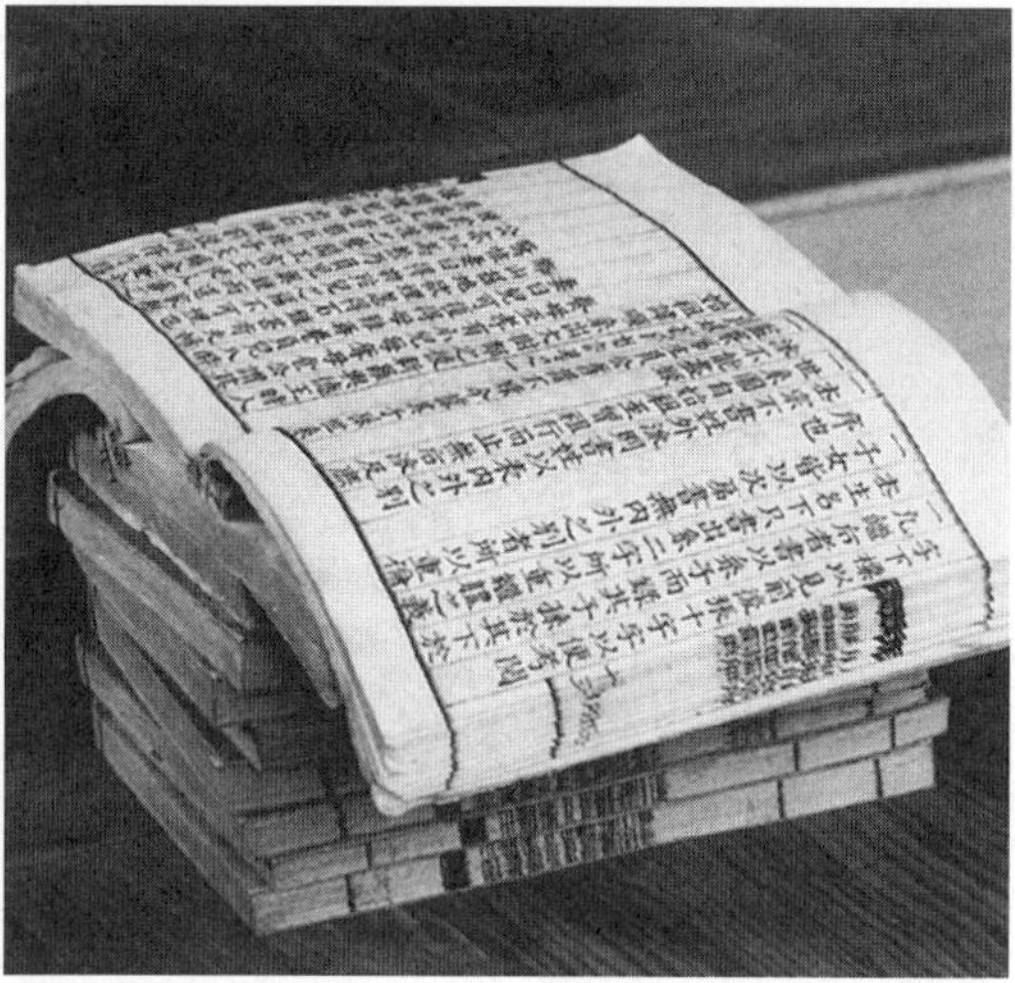

族譜（撮＝藤本巧）

一、韓国の「個人」の発生

一人で食べる韓国人

九二年夏、筆者は韓国で不思議な光景をみた。それは八〇年代には決してなかったもので、従来の韓国の文脈からは非常に不自然なものであった。ただ日本の文脈では何ということはない。当地ではあまりに不思議なので、あちらこちらで何度も確認してしまった。それは、ついにここまで来たかの感をよびおこす種類のものであった。

なんと、韓国人が一人で（！）食事をするようになったのである。食堂で、酒も飲まず、黙々と鉄板で焼肉を食べる韓国人。別のテーブルではこれも静かに独り米飯をかき込む人物がいた。あまりに異様なので、同行の友人を撮る素振りでカメラにおさめてしまった。

なぜ異様かというと、韓国人の外食はかつては共同会食のみだったのであり、外食とはまずナムたちとよしみを結ぶための宴であった。独りで食事などしようものなら、これは何か大なる不幸とそれにともなうショックが彼を襲い、ひたすら孤独に沈潜している姿と見なされ、店のものに慰めの言葉をかけられたりしたものである。

筆者も渡韓当初は韓国に友人もなく、かといって独りで飲食もできず、ずいぶんと困ったものだった。みなが見るので後ろめたく、とうてい落ち着いて食事などできない。中華料理だけは、会合前の軽食と見なされていたので、中華料理をはしごした思い出もある。それほど一人の飲食と不遇とは分かち難く結びついていた。

しかし明らかに何かが変わったのである。

食後喫茶店にはいると、さらに変である。数人でやってきた会社員が、談笑もせずに思い思いに雑誌や新聞を読み始める。これもかつてはなかった。

かといってこれらの現象が社会全体を覆っているわけではない。別の場所では相変わらず共同会食がくりかえされ、長々と食事をした後に、また長々と談笑しているのである。

では何が変わったのかといえば、韓国人は前ほど他者を恐れなくなったのである。以前はウリ（身内と知合い）の外にあるナム（他者）に対する不信感は、共同会食を不断に繰り返し、たえず緊密感を喚起する以外には容易にぬぐえなかった。独りの食事が不遇の象徴であったのはこのためである。ところが産業化が進み、他者との横のつながりが広がるにつれて、人々はいやがおうでもウリの外へ「個」として飛び出さざるを得ない状況が増えていった。これを当地の人々は、「社会性」と「因縁」が増えて、ナムに合わせる機会が必然的に多くなったと表現した。そしてこうなると、身のまわりの全ての他者と共同会食を繰り返していたのでは、身体的にも金銭的にも、もたないようになってきたのである。過食と浪費を戒める風潮がこうして起こり、健康好きの民族の第二の健康ブームが始まった。前には独りで食事など恥ずかしかったが、最近では健康のためにも「ホンジャラド・モッケッタ（一人でも食べちゃおう）」と思うそうである。

これはソウル・オリンピック後のインフレと引き続く物価高のなかでの、家計を守る傾向とも無関係ではないだろう。韓国人は、情がないといってあれほど嫌っていた割り勘を日本人のようにするようになったし、とても家庭的になった。身内とすごし、身内のために使う金を前より一層大事にするようになった。つまりここでは二つのことが同時に進行している。ひとつは、ウリの自己充足傾向が高まったことである。第二には身内や知人のウリの枠から「個」が少し飛び出して、ナムの海を恐れず遊泳するようになったことである。

八〇年代までの韓国人は、よく人の家を訪問した。ちょっとそこまで来たからといって急にやって来るのである。当時これは信頼感を増す行為の一つであった。ところが最近では、週末など人々は皆家族単位で楽しむので、前のように人の家にあがりづらくなったという。これは前者の身内自己充足の傾向を物語っている。そして後者の「個」の遊泳の方を、我々は韓国の食堂で、喫茶店で、街角で見るのである。

結論からいえば、この「個」の遊泳はウリの集団の拡張の限界を示している。もうこれ以上知人の範囲を拡大できないという海岸線までたどりつき、ここで各自が海に跳びこんだのである。こうしてウリを破壊することなく、「個人」主義的な世界が徐々に始まった。

不死身のウリ

しかし社会全般の「個人」主義ではないが、「個人」の活躍はそれ以前からすでに始まっていた。それは社会各分野のエリート層による、かなり強引な統率と教化によって成し遂げられたものであり、ひずみも大きかったが、彼らがいなければ八〇年代の経済発展を確保することはおそらく不可能だっただろう。

韓国が発展するうえで不可欠だったこと、それは儒教イデオロギーの、とりわけ労働蔑視観を捨てた（しかし職業差別観は残した）若い層が広範に育ったことだと筆者には思われる。「君子は動かずして、しかも敬せられ、言わずして、しかも信ぜらる」（『中庸』第六段）が続いていたならば、韓国の発展は決してなかったはずである。それでも筆者が渡韓したての八〇年代初期にはまだ労働蔑視観をもった人物がかなりいたことは事実である。この人々は結局どうなったのだろうか。みな淘汰されるか、底辺に沈澱した。あるいは資本主義のエトスに対する回心を迫られ、実際回心するか偽装し沈潜したのである。

ウリとナムの亀裂からいえば、八〇年代の「個人」はそれを力で跳び越え、九〇年代の人々は膨張した各自のウリから押し出されるように、胞衣をつけたまま遊泳するようになったのである。いまだ変わらないものといえば、ウリの健全さである。それは壊れる様子を見せるどころか、経済が沈滞するようなことがあれば、あるいは政治的混乱がふたたび訪れるようなことがあれば、たちまち亀の甲羅に身をすくめるように、外縁部からおのれを切り捨てて行くであろう。知人（アヌン・サラム）、同郷同学（トン・チャン）、宗族（チョン・チン、同本同姓血族）、門中（ムン・チュン、分派祖血族）、堂内（チバン、四代祖血族）へと、それは縮むであろう。この縮む過程は、まったく社会的危機に対応しているであろう。危機が大きければ大きいほど縮み、堂内を中心とする同心円は外側からブースターをはずして核の安全を守る。反対に社会が安定的で、豊かになればなるほどウリの同心円は逆の順で広がっていくであろう。あるいは一つの細胞が権力と富をもてば、それは寄食と威勢の集団となって究極まで拡大する可能性をはらんでいる。そしてこれらの広がり縮む臨界の向こうが、つねに不信者たち、つまりナム（他者、ストレンジャー）の世界となる。
ウリが縮みきったときの堂内（チバン、四代祖血族）がウリの核である。

四代祖まで祭る習慣が定着したのは、一八世紀からだということはすでに第二章に述べた。したがって堂内の確立も一八世紀以前にはさかのぼれない。そこで本書では、各時代の男系血族の広がりと縮みに対応させてそれぞれの用語を用いることによって生じる混乱をさけるために、宗族という言葉を共時的につかわざるを得ない。この点はどうかご了解願いたい。

さて今度は、この世界を朝鮮民族が歴史上どのように作り上げていったかを見ておくことにしたい。現代まで息づくその強固さの秘密をさぐるには、それが形成されてきた社会状況を無視することができないからである。

二、儒教の社会改造と宗族

改造前の信仰

この血縁組織、宗族がそれほど古いものではないことはすでに述べた。問題は李朝期を通じてそれがどのように形成されてきたかである。そこで我々はここでどうしても李朝の儒教教化の跡を振り返らざるを得ない。結論からいえば、それは儒教教化のうちの、父系血縁集団の形成のみを突出させた、人為の産物なのである。

すでに述べたように儒教とは死者とともにこの世に暮らす宗教である。死者は生きているように生者に養われ、飯を食うと観念される。そしてこの死者はその血筋の子孫が呼ばないと応じないし、逆に死者は子孫を産んでおかないと飯の食いあげになる。この生者と死者の双務関係の責任を、すべて生者の規範として負わせたものが、本来の意味の孝行の道徳、「孝」である。そしてこの道徳に基づき、血筋で過去・現在・未来とつながった一

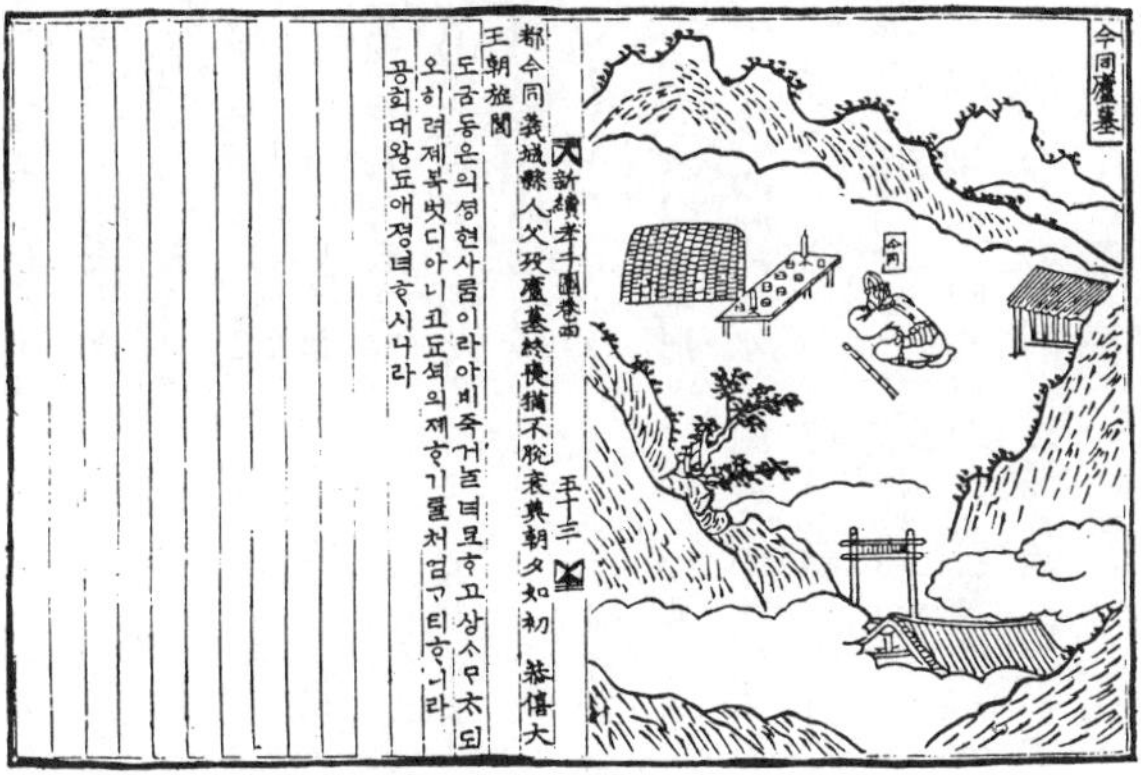

草墳に仮庵を設け喪に服す孝子（『東国新続三綱行実図』1618年）

団が、生死にかかわりなくこの世に連綿と続くことが期待されるのであり、この一団を宗族というのである。

ところが李朝の初期、インテリの儒者はともかく、一般民衆はこんなことは何も知らなかった。

仏教やシャーマニズムや風水を信じる人々がほとんどであったから、死んだらあの世へと旅立つことができると信じていた。死後観も、葬式も、今の韓国に残るものとはよほど違っていた。以下、この変貌を李朝の公記録である『李朝実録』をもとに辿ってみることにする。

高麗末期、まず人が死にそうになると、息絶える前に家の外に運び出していた。これは死者の霊が家につくことを恐れたためであった。韓国に残る避幕の説話というのは、このとき運びだした遺体を一時収容した幕舎の残映である形跡がある。隣家は邪気を避けるために、屋根に矢をたて、これを葬家に向けた。死ぬと遺体を薦《こも》にくるんで、野辺にはこび、あるいは虎や狼の餌食になるのを避けて樹上に放置した。これを草墳《そうふん》という。

なぜかといえば、そのまま土に埋めると骨が黒く腐ってしまい、霊力が落ちて、子孫に繁栄をもたらさないと信じられていたからである。乾いてあめ色になった骨がとりたくて放置乾燥したのであった。この葬法は今日でも、韓国は全羅道の西南海岸部や島嶼などの限られた地域に残っているが、李朝時代は全国的な風習であった。

もう一つ、この約三年間に風水師という占い師を雇って吉地選びをする。子孫に幸福をもたらす墓の地形というものも決まっていて、それに合った地形をこの間に選ぶのである。ちなみにこの風水の風習は中国伝来である。

さて、人死して、遺体を厳重に薦でくるみ野辺に安置すると、子孫たちは死者を悼んで数日の宴会をした。これは飲酒肉食の饗宴であった模様である。

約三年後、肉や皮が落ちて遺体が骨だけになると、これを棺桶にいれて初めて埋葬する。これを今日の韓国では洗骨葬《せんこつそう》と言っている。現在の全羅道西南島嶼部では、入棺のとき、実際に骨を洗い、これをきれいに並べて包むからである。李朝初期には、このときシャーマンを呼んできて紙銭（これは中国のものと形が異なり、日本神道の御幣のようなものであった）を使って、招魂する。そして埋葬後、子孫たちはまた大宴会をした。

もちろん火葬するものもいた。仏教に篤いものたちである。彼らは火葬してこれを埋葬し、お坊さんを呼んで宴会をした。その後も、お盆の日などには野辺や川辺でお坊さんを呼び招魂祭をし、祖先の霊とともに宴会をしていた。のぼり旗をたてて、鉦《かね》や太鼓を打ち鳴らして街中をねり歩いた。伝統派も名節にはシャーマンを呼んで、墓地や野辺で招魂をしていたようである。この風習が今日韓国や北朝鮮で野辺の季節の遊び、野会として残っていることは、すでに述べたところである。

血まみれの儒教教化

李朝の成立とともに権力を得た儒者たちは、この伝統の風習のすべてを断固として許さなかった。

まず親の死後すぐに埋葬しないものたちを、尋問し、百叩きにし、辺境に流配した。中国の『礼記』曲礼上篇にいう「礼は庶人に下らず、刑は大夫に上らず」（礼法は庶民層に及ばず、刑罰は支配層に及ばず）の下半句を実践し、奴婢、庶民、地方武官など儒教などつゆほども知らぬ下層のものから順に処罰が始まった。ある日突然、捕縛吏がやって来て、彼をからめとるのである。

遺体は遺棄死体とみなされ、どんどんと埋めこまれていった。ところが、高位者や有力者は財にまかせて山寺をつくり、そのなかに遺体を安置して僧侶に守らせたり、シャーマンに奴隷をあずけて、野辺の遺体のそばに小屋を立ててその管理をまかせたりしていた。そしてこちらの方は、三年間墳墓をまもった孝行者として表彰していたのであるから、権威と権力の一致をめざした政権のなすことは、いかにも暴力的であった。

一四七四年には明国の法律を用いて、火葬者は百叩き、埋葬しないものは墓暴きと見なして斬り殺すことにした。それでも霊力の宿る骨がほしくて、骨を掘り起こしてかますに隠している民衆がいた。これは一族島送りが討議された。

この間、従来の葬儀や招魂を司っていたシャーマンや僧侶は弾圧され、ソウル所ばらいとなり、放逐されて山野を彷徨した。一九世紀末に至るまで、朝鮮では僧侶は賤民扱いでソウルにはいることも許されなかったことは、日韓の宗教事情の違いを語る上で重要である。

儒者たちはこれにとどまらない。つぎに死者のために、三年の喪に服すことを強制した。まず女子が狙われた。以前は夫が死んでも女子は再婚できたが、こたびは二夫にまみえずという節婦道徳を強制され、夫の喪をといて再婚しようとする女子がしょっぴかれ拷問された。寡婦の再婚はこの後、一八九四年に改革が断行されるまでかなわなかったのである。

次に儒者たちは三年の喪に服するものの範囲を、奴婢や庶民にまで広げようとした。三年の喪というのは、父母の死から丸二年と一日、朝な夕なに食事をお供えし、親を死なせたという罪をあがなうために、麻のぼろを身にまとい、土くれを枕にし、水浴もせず、杖をついてずるずると歩き、ただただ死者を悼んで暮らすのである。

この法制化は、さすがにあまりの過激さゆえに、反対する儒臣が現れる。これが法制化されたならば、働くものがいなくなってしまうというのである。結局これは、何度も法制化が先送りにされ、孝行心の強いものには実行を許せばよいという程度でおさまった。しかし庶民もしたたかである。三年の喪に服すといっては、これをサボタージュに利用し、役を回避する者が跡をたたなかったのである。

中国より中国らしく

とにかく外来思想が極端まで実践されるのが朝鮮である。中国に行った使臣が朝鮮にかえって来ると、中国で見たままを報告する。

王さま、中国人は喪の最中に酒を飲み、肉を食らって宴会をしております、と報告する。

ここが肝要な点である。中国人は朝鮮人ほど朱子派儒教的ではないのである。孟子派儒教的というべきだろうか。民俗にまで介入してくる権力者に対しては鉄槌を下せるのである。朱子派儒教の朝鮮民衆にはこれができない。朝鮮では民間信仰は儒者の強権教化にあって圧殺されんばかりに衰退してしまう。そしてさきの儒臣たちは、儒教の本場中国で朱子の言説どおりに喪中の禁酒、断肉食が行われていないことを知ると、中国に対してむしろ強い優越感をもちはじめるのである。そして、わが国ではこのような汚らわしい行いがないよう、一層大明律（明国の法律）の教化を徹底し、律に照らして罪を問わねばならない！と、朝鮮の王は絶叫したのであった。

一五九二年、豊臣秀吉の朝鮮の役により死体が巷に満ちた。いわゆる文禄の役（文禄の年に民衆を徴発して行った戦い）、今日の韓国人のいう壬辰倭乱（壬辰の年の倭の野蛮人どもの反乱）である。

日本軍に追われ、ソウルを逃げだす途中民衆に石もて辱められた王が、日本軍の退却とともにようやくもどってきたソウルで開口一番何と言ったか。

「都民がみな喪に服していないではないか。これは倭の夷俗（日本の蛮風）に染まったのだ。服さないものを検挙審問せよ」といったと、『李朝実録』にある。

これに応えて儒臣たちが何と言ったか。

「戦時中、義兵にかこつけて喪を勝手にとき、従軍する不孝者がいました」。「一朝兵禍がおこると、服喪せず、飲酒肉食し、親の死体を曝し、喪を隠して科挙試験にでかける不孝者がでました。わが国は禽獣の巣窟です」。

それでも民衆は反乱を起こすでもなく、日本軍と懸命に戦ったのである。

王と儒臣たちの儒教教化は、ヨーロッパ中世の異端審問と教理の実践を想起させるほど過激なものであった。一方は神のために生きることの真偽を問われ、他方は死者のため現実の生をささげる誠意をひたすら試されたのであった。

飢饉のひどかった一六七一年、ソウルの槀葬《こうそう》（薦でくくって野辺に曝した遺体。つまり草墳）は六九六九体と報告された。王朝はこれを役夫と僧軍（チュン・クン、クンは蔑称で僧の役夫）を派遣して全部埋めさせた。怨嗟の声が巷に満ち、民衆は役夫の袖にすがって哭いたと『実録』にある。翌年にはソウルにあった槀葬を一〇里の外へ出して、埋めこんだ。その数三〇六〇体。このたびは役夫に賄賂をやり、埋葬を遅らせるものも出て来たとある。民衆はついに、年月をかけてよい埋葬地を選べないと悟ると、王陵に隠れて埋めこむようになった。権勢のある王さまの墓は縁起のよい吉地に決まっているからである。これを偸葬《とうそう》という。

これでよく反乱が起きなかったものである。当時の中国人が語っているように、朝鮮人はその性、「柔仁」(『大明一統志』)なのである。それどころかよく言うことを聞いて、一七世紀末あたりからは民衆一人一人が儒教徒にかわってくる。

民衆は、草墳をやめて、遺体を即埋めるようになってきた。これを李朝時代の文明開化といわずして何と言おう。かつての野ざらしの遺体は、伝染病の温床であったに違いないからである。

変貌する民衆

一六八四年、京畿道長湍の地方官吏が報告してきた。「王さま、助けて下さい。民衆の土饅頭が無数に広がって、役所が埋まりそうです」。

民衆はここまで王と儒臣たちの教化に服し、自らを変貌させたのである。

朝鮮の儒教とは、このようなものである。

最近ではよく韓国は儒教の国だという人が増えてきたが、かの国は以上のような、なまやさしくない儒教教化の歴史をもつ国なのである。朝鮮の儒教が自然普及型ではなく、人為強制型であったことは注目してよい事実である。

例えば韓国人は礼儀正しく、親によく孝行する立派な人たちの国だ、という最近の日本人の韓国に対するプラス評価は筆者にもうれしい。しかし李朝時代の孝行者とは次のよう

ソウル市中の「読書室」（中高生用の学習室）の看板。「汝の父母を尊敬せよ、孝子読書室」とある。

なわざとらしい者たちをいったのである。

平安道監司の李元翼が報告致します。泰川居住の科挙未合格者の金麟祥は誠孝（孝行の精誠）が天に抜きんでています。母親が生前病気のときに、きじが食べたいと思うと、きじが自然に部屋に入ってきました。母の死後喪に服して、骨が砕けるほど哀しみ、墓を守って三年、昼夜号泣しました。保人の李夢龍はその父の病を治そうと、香をたき、どうか自分を身代りにしてくれよといのりました。父の糞を嘗め吉凶をしらべました（糞甘ければ死し、苦ければ生きると考えられ、これを行うことは孝行者の真骨頂とされた——筆者）。両名の孝行もやはり古人に恥じません。論賞の沙汰、よろしく。

（『宣祖実録』巻四七、宣祖二七年正月甲午条）

もっとも、このようなことは「無識の輩（つまり民衆）が互いに嘘をついて、そのことを誇張し、名目として、村人を集めて村の役所に提示し、ついには中央に報告されるのだ」（『寿谷集』巻九）と、一七世紀から一八世紀を生きた金柱臣という儒者が言っている。民衆はこのわざとらしい人為の所作を利用して、表彰品のたかりに精を出していたのが真相であった。しかしともかく、朝鮮の孝行者とはこのような者を理想の姿としていたのであった。「たわむれに母を背負いてそのあまり軽きに泣きて三歩あゆまず」程度の日本の孝行者とはわけが違うのである。

このように儒教が過激にそして暴力的に教化された結果、朝鮮人はやがて生きるために二重葬を放棄し、火葬を放棄し、あの世を放棄し、この世に死者とともに生きる道を選択した。喪を学び、祖先を祭る祭祀を覚え、祭祀し子孫を絶やさぬべく孝の道徳を守り、男子多産を期した。そして宗族という連綿たる血縁集団しか自らを護るもののない現実を深く噛みしめたのである。

宗族、それは自然発生的に生まれたものではない。李朝時代の地方両班たちにより、人為的に作り出されたものであり、民衆によって学ばれた儒教が血をもって育てた、かつての文明開化の賜物なのである。

三、宗族か民族か個人か

李承晩の矛盾

資本主義社会における近代化とは、伝統的な集団のなかにあって社会的にはばらばらな民衆を、一度国家のコンクリートに練り固め、ふたたび打ち砕いて平等な個人とすること。こう喩《たと》えて仮定すれば、韓国は日本国家主義にこの先鞭をつけられたことを潔しとしなくとも、やがては自らその事業に着手せざるを得なかった。

そこで韓国初代の大統領となった李承晩《イスンマン》は、まず次のように民衆によびかけたのであった。

地域的観念を取り除き、ひいては一塊としての業績をあげねばならず、男女の区別をなくすとともに、一つの心一つの力でまぶしいばかりの新世紀を打ち出さなければならない。我が民族は一つだ。国土も一つだ。精神も一つ、生活も一つ、待遇も一つ、政治上文化上の何もかも一つだ。一つになるに至らないところがあれば、一つをつくらねばならず、一つを作り出すのに障害があればこれを除去しなければならない。誰でも独自の一念がおこるとき、この一つのものに違反することがあればすぐに捨てよ。その一念でもって民族が崩壊する。いわんや分裂をもって一体に加わろうとするなかれ。知れ。離れれば死に、一塊になれば生きる。分かれれば死に、一で生きる。（李承晩『一民主義概述』一九四九年）

この同じ人物が、朝鮮戦争のときに真っ先に首都を捨てて逃げだした人物であることが信じられるだろうか。汚職に明け暮れ、ついには民衆に石もて追われた人物の言だと信じられるであろうか。行動は宗族利己主義、言動は民族主義という本音と建前がこれほど鮮烈に露呈している例はない。ただこのように叫ばざるを得なかった精神は、決して儒教からは生まれない。これは明確に韓国の新たな近代を告げる宣言であった。

この李承晩の「一民主義」とは、有名な孫文の「三民主義」をもじったものであろうが、残念ながらこちらの方はついに有名にはならなかった。朝鮮民族は一つの民族だ、といっているにすぎないからである。しかしこれは考えてみれば、大変なことなのである。韓国は世界でも稀な単一民族の国だからである。本来なら放っておいてもがっしりと一つに固まれるはずの人々に、一つになれと言わざるを得ないのは、単一民族国家として自己の血統を誇りながらも、その内実がばらばらの宗族の集合体だという相反した事実があるからである。この矛盾が彼らのナショナリズムを持病の発作のように癒えることのないものにしている。

そして李承晩は思想史的にみて、この矛盾の塊であった。彼は別のところで、つぎのように身内愛と、その儒教道徳を連呼している。

人が生まれてまず知らなければならないことは、父母の恩恵と功労である。自分がこの世に生まれてきたとき自分の力で生まれてきたのではなく、父母のおかげで生まれてきたのである。衣食住は自分の力でなったものは一つもなく、みな父母のおかげなのであるから、父母の恩恵と功労を知らなければならない。ゆえに父母は子弟を愛し、子弟は父母を尊敬することが人生のもっとも大きな役目であり、道理なのである。……今からでも我々皆が悟るべきことは、人類の社会で礼儀道徳上最高の文明的な人生を、生活を送ろうとするならば、儒教の三綱五倫がよその社会より優れていることを知らねばならず、同時に物質的な発展を一日も早く行わせ、物質的な能力を発揮しなければならない。(一九五八年二月二六日、第三談話「私が儒教を信じる家庭で育ち、儒教で教授される教育と信仰を学んで」『大統領李承晩博士儒教談話集』一九五八年)

付言すれば、李承晩は熱心なキリスト教徒でもある。キリスト者であり、「一民主義」者であると同時に、儒教徒であり、宗族利己主義者であるという存在が李承晩なのである。筆者には次の朴正熙《パクチョンヒ》時代の教化を経て、韓国人がこの原点にいま再びもどったかに思われてならない。

朴正熙のアンチ・テーゼ

朴正熙時代はこの過程でいえば、まさに対極にあたる。彼は李朝史を否定し、儒教の伝統を力ずくでねじ伏せ、民族主義に加え、愛国主義を鼓吹した。

我々は李朝史を、四色党争、事大主義、両班《ヤンバン》の安逸な無事主義的生活態度によって後代の子孫に悪影響を及ぼした民族的罪悪史であると考える。時に今日のわれわれの生活が辛く困難にみちているのは、さながら李朝史の悪遺産そのものである。今日の若い世代は既成世代とともに先祖たちの足跡を怨めしい眼で振り返り、軽蔑と憤怒をあわせて

感じるのである。(『朴正煕選集、二――国家・民族・私』一九七〇年)

この李朝史の否定的評価は、ここには挙げないが金日成ときわめて酷似している。彼ら二人は李朝史を事大主義、民族の主体性の欠如の歴史とみることでまったく一致しており、かわって三国時代の高句麗を版図をひろげた武人の理想的国家として称揚する点も同じである。

さらに、金日成が宗族の武装解除として祭祀を否定的に評価したのと同様、朴正煕も祭祀に打撃をあたえている。それが、一九七三年五月一七日、大統領令六六八〇号により施行された「家庭儀礼準則」である。

これにより以後、韓国では祭祀は祖父の代までとすること、父母の喪は三年から百日にあらためること、忌祭は真夜中にせずに命日の夜八時までに簡素に行うこと、本家分家単位の祭祀はしないこと、結婚式や葬式の饗応はやめること、葬儀は三日葬で簡潔にすることなどの改革が打ち出された。

これが近代化にとって極めて合理的な施策であったことを理解するには、少々解説が必要である。

儒教では四代祖、つまり曾々おじいさん、曾々おばあさんまで、その命日に祭る。すなわち年間合計八回法事がある。これを忌祭祀といい、命日の午前零時すぎから夜明けまでの間にする。本家に子孫がいなければ、分家に移してする。これを祭遷という。なぜ夜中にするかといえば、霊が降りやすいと考えられているのであり、これをかってに別の時刻にすれば、霊は祭祀の場をはずしてしまうと考えられていた。

さらに、祭祀には節祀というものがある。これは元旦や秋夕（秋の収穫祭）などの名節の朝に、本家に全員が集合して祭祀し、ついで堂内（チバン、四代祖の子孫たち）の家々をまわって、各家の祖先を祭る。

加えて、年に一回陰暦の十月に、子孫全員が墓地に集まり、始祖から順に五代以上の先祖を選択的に選んで、一つ一つの墓をまわって祭祀する時祭がある。これは先祖の墓が各地に分散している場合には、バスを連ねる宗族の大旅行になってしまう。

この他に冬至より一〇五日目、寒食といって冷えたご飯を墓に供える日などがあるが、もうこれくらいで充分だろう。つまり伝統通りに祭祀をしていたならば、毎年祭祀だらけになってしまう。加えてその度に供物を供え、後でこれを食べる饗宴を催すことになるのだから、その浪費たるや馬鹿にならない額になる。料理の手間や親戚の面倒などこれに費やされる労働力は激甚であり、ゆえに韓国の女性は最も負担の大きい長男家に嫁ぐことをひそかに嫌うのである。

しかしこれをまったく廃止してしまうこともできない。この祭により購買力がつき、金が回り、経済が潤うという側面が少なからずあるからである。多大な消費にならぬよう抑え込めばよい、と恐らく朴正熙は考えた。そしてこの朴正熙の施策以後、つぎの為政者にまで及ぶ十年以上の教化の労を費やしたとはいえ、この甚大な金と労力の浪費から韓国人は確かに解放されたのである。家によってではあるが、同じ月の祖先の命日は一つにまとめてしまったり、本家と分家が祭る祖先を分担したり、秋夕に忌祭と節祀をまとめてしてしまったり、真夜中でなく夜の八時頃祭り速やかに散会する堂内が今日では存在するようになった。さらに時祭は浪費が大きすぎて家計に穴をあけるため、韓国では自然に衰退していったのである。

このような朴正熙の宗族押え込みは、実は当初大変評判が悪かった。文治を尊ぶ韓国人にとって、これはいかにも伝統の破壊、武断に映ったからである。しかし今日では、韓国の資本主義を発展させるためには伝統を破壊する武断が必要なことは、韓国人が最もよく悟っている。これも韓国人の本音と建前の一つであるといえようか。

国と民族を愛そう

さて、宗族に一撃を加えた朴正熙は、ほぼ同時に民族主義と愛国主義を鼓吹する教化を進行させていた。その最大のものが、「李舜臣《りしゅんしん》愛国愛民教化」である。

いま筆者の手元に広報資料『維新理念と忠武公精神』(一九七三年四月二〇日刊行)という小冊子がある。これは朴正熙政府によって発行されたもので、その「広報および参考資料」の項目には、各部処広報機関、各級学校、関係団体そしてマスコミ機関では、この冊子の内容をひろく広報し、全国民が民族の英雄忠武公の忠義を追慕し、公の遺訓を胸深く刻み込むよう啓導することを望むと書いてある。

李舜臣とは豊臣秀吉の朝鮮の役の際、亀甲船という亀の甲羅のように鉄板で覆いをした船をあやつり、日本軍を散々悩ませたという海将である。冊子では彼の「倭兵を殲滅し、国の危機を救うために尽忠報国、滅私奉公したその輝ける功績」を讃え、これを朴正熙の十月維新の決断に重ね焼きする思想工作を行っている。ここには驚くべきことに「維新、尽忠報国、滅私奉公」という明らかに日本起源の語彙が華やかに乱舞しているのである。これは朴正熙自身が日本の陸軍士官学校出身者であることと無関係ではないだろう。朴正熙の「偉業」は、忠武公・李舜臣の精神をもって厳かに彩られる。

今日我々が、民族主体性の発展をつき固める十月維新の決断下、維新課業を推進する場で、忠武公精神を再考するとき、その精神こそまさに維新理念と直結していることを一層悟らざるを得ない。

忠武公精神の救国精神・護国精神・滅私奉公精神・自主・自助・自立・創意・開拓・愛民奉仕精神など一連の精神姿勢こそ、我々が民族の自存・自立・自衛・自決・自栄を期す十月維新そのものであるためである。

十月維新とは朴正熙が七二年一〇月一七日に非常戒厳令を敷き、国会を解散、全大学を休校させ、一一月二一日に憲法改正案を国民投票で可決、この維新憲法をもって、国民の権利と自由を制限し得る大統領緊急措置権限を掌握、これに基づき維新憲法に対する一切の批判を封殺した歴史上名高い独裁体制のことである。この体制の正当性を民族を護持する朴正熙イコール李舜臣というふうにもっていったのがこの教化の眼目であったものと思われる。そして国民みなが、自分のことばかり考えず、忠武公のように民族や国のことを思うべしと、次のように教化したのである。

そして我々は「国」と「自分」が別個ではなく、国がうまく行けば自分もいい暮しができ、国が富強ならば自分も裕福であり、国が栄光にあれば自分も栄光を享受できるという透徹した国家観を確立していかなければならないだろう。

この教化は朴正熙が暗殺され、維新体制が終焉した一九七九年以後は、朴正熙と維新体制をはずして、忠武公の愛民愛国に学ぼうという形で続けられた。

民族愛か宗族愛か

しかし続く第一一・一二代大統領全斗煥《チョンドゥファン》の時代には、大統領自身がその教化が実は浅いものであり、宗族の根まで及んでいないことを端なくも暴露してしまうのである。為政者ですら宗族利己主義と国民の福利にはさまれ、どちらかの選択を迫られたときには、宗族を取らざるを得ない。つぎの全斗煥の失脚の際の謝罪文が、それを何よりも明瞭に物語ってくれる。

彼ら（宗族の者）はにわかに（私が）大統領になるや、初めの驚きと誇りが、時がたち周囲の誘惑がつづいて揺らぎはじめ、ついには色々な物議をかもすに至った。幼時に故郷を離れ、なにしろ大家族だったので、名前や顔さえ知らない多くの親戚たちのなかで問題をおこす人たちに、「どうか自重してくれ」と何度もねんごろにお願いもし、取締りもした。……多くの身内の者たちが刑事訴追を受けるほどに不正を犯し、国民の皆

さまの怒りを買うようになったのは真に面目ないことだ。（『韓国日報』一九八八年一一月二四日付）

前述のように北朝鮮では、宗族と民族国家という二つの楕円の中心を金日成を核として一点に収斂することにより、運命共同体を創りだす工作が延々と三〇年の歳月をかけて行われていた。

韓国ではこの核がない。そこで宗族の強制力を矯めることによりこれを中心としたウリの知人包括力を増し、部分集合を大きくすることにより民族国家へと次第に近づけていったのである。ところが、その臨界が明らかに見えたとき、人々はウリの胞衣をつけたままナムの大海に泳ぎだしていった。これが九〇年代の「個」の時代の幕開けであった。この臨界を人々に知らしめたものこそ、筆者はソウル・オリンピックではないかと考えている。しかしあの熱狂は、その後の民族国家の一体感を人々にもたらすものでは実はなかった。そして今また新たに韓国で、別種の民族主義が宗族利己主義を覆い隠すように生まれつつある。

民族の原型は一旦形成されれば、民族の主体がそのまま生存する限り、ほとんど変わらない。この点で民族は個性を帯びた大生命体なのだ。あたかも一人の体に数十万個の細胞が生死を繰り返し、生命を維持するように、人間は毎日生まれそして死し、民族という巨大な生命体を維持している。そしてこの生命体には、明確にして独自な民族の心性がある。これが民族原型である。（李ユン「二〇世紀末の地球村と韓国の青少年」『韓国青少年善導教育年鑑、一九九〇年・一九九一年』所収）

大韓青少年善導協会の道徳教育専門家たちの言説のなかに、このような有機体民族論が登場してきている。これに金日成のような核を加えれば、それはたちまち北朝鮮の「社会政治的生命体」論のような言説へと変じていくであろう。しかし韓国にはこの核がない。反対にばらばらの宗族の集合体である社会に対する不安感、一体感の欠如への焦燥そのものを表明する言説もある。日本の文部省にあたる韓国文教部作製の道徳教科書では、ばらばらの国民に一体感をもたらそうと次のように社会の共同体に対する献身を呼びかけている。

個人の存在はあくまでも重要なものであるが、その存在が個人を超越するさらに大きく、偉大な共同体につながるとき、その重要性は加重され、生命力ものびるのである。

「短い人生を永遠の祖国にささげる」という言葉は単純に国家主義的な発想であると軽視することはできないのである。共同体に対する献身を通じてのみ、現在ともに生きている同胞たちとの連結が可能であり、ひいては先代の先祖たちや将来生まれてくる後裔たちとの連結も可能になるのである。(韓国文教部『高等学校国民倫理』一九九〇年)

金日成や金正日と同じように、宗族のなかの「先祖―父―自分」の縦系列の「孝」を社会全体に広げ、なんとか宗族のような一体感を社会全体にあたえようとしているのである。「共同体に永生する生命」という思考も北朝鮮と瓜二つである。

今韓国の民族主義は北朝鮮と近似な方向、すなわち宗族と民族国家の楕円の二つの中心を一点に収斂する方向へと動きつつあるように筆者には思われる。

しかしこれは核無しの消失点へ向けての収斂である。これが成功するか、あるいは「個」の遊泳が新たな「個人」主義を生みだすか。とにかくその展開は核自体の安定的な継承を期す北朝鮮よりは、遥かにダイナミックなものになるであろう。

第四章❖ウリとナムの力学

ソウルの市内バス（撮影＝藤本巧）

一、「プマシ」という労力交換

頼み事はきずな

筆者がかつて面倒を見たことのある韓国人留学生がいる。現在では日本のある大学の講師をしていて、手紙に「先生のありがたさを、どうして忘れられましょうか（オッチ・イジュル・リガ・イッケッスムニカ）」と、韓国人らしく大仰に書いてくる。そんな間柄である。

下関市在住のあるとき、私が都合で某大学の韓国語の時間講師が続けられなくなり、その交替を彼女に頼んだことがあった。彼女は、

「はい、わかりました。ついては今自分がしていて、多くの時間を取られるので何とかやめたい仕事がありますが、先生の仕事を引き受けるならば、こちらを誰かに代わってもらわなければなりません。誰かよい人いますか……」という。

とりあえず思い浮かぶ人材もなく、彼女が今している仕事も条件が悪いことを知っていた私は、それでは、今私が交替を頼むのも困るでしょうねと聞くと、

「はい、率直に言ってしたくありませんが、今までずいぶんお世話になっているので、プマシでします」

と、実にはっきりと答える。

このプマシについては、ちょうどうまく説明してくれる例があるので、それをここに引用しよう。

　プマシは一対一の労働交換方式で、労働力が不足なとき、随時隣人の助けを受け、その助けを労賃で返す代わりに自分の労働力で返す方式である。プマシの対象になる仕事には、田植えをはじめとして草取り、堆肥と薪の準備等はもちろんのこと、機織、飲食の準備等の婦女子の仕事に至るまで非常に多様である。（韓国文教部『中学校道徳、二』一九九〇年）

今日ではこの伝統的な村の相互扶助を、都会での知人間の相互扶助に援用し、それもプマシという。たとえば出版界などでは、雑誌に自分の原稿を載せてもらう代わりに、いく

らか編集者につつむこともプマシといっている。これは都会では、ある程度金銭化されている。

彼女のプマシという言葉を聞いて、なるほど随分とドライなものだなと私は一人感じいっていた。日本人同士ならば、こう率直に「実はしたくない」とか「一対一の労働交換方式」だとは言えない。ましてや「そのありがたさの決して忘れられない先生」に、これは交換だなどといったならば、誠意を疑われるかも知れない。

私はひるまずに会話を続けることにした。

「貴女にお願いしたい某大学の韓国語は、引き受けてくだされば、そのまま貴女が続けられてよいのです。今貴女がなさっている仕事の方は、かりに一年間私の妻にまかせるとしましょう。しかし一年後、こちらの方の続きはどうしましょうか」と、私が聞くと、

「それは私は知りません。そのとき先生と奥さんで考えて下さい」

と、いう。そして最後に彼女が爽やかに言い放った言葉に、私は圧倒されてしまった。

「先生、私にも日本の義理はわかります。今の仕事を誰かに代わってもらえれば、先生の講義をお引き受けしましょう」。

日本にこのような義理があるとすれば、なかなかの「義理」である。

しかし彼女には悪気などまったくない。「したくない仕事」をプマシですることということ

はすでに好意であり、これは今までの庇護に対する感謝以外の何ものでもないのである。そして我々にはドライな取引としか思えない過程が、好意の交換という形で繰り広げられるのである。

前述したように韓国人の社会構造は、内側から堂内（チバン）、門中、宗族、同郷同学、知人へと同心円状にひろがるウリの細胞の集合体からなっている。この個々の細胞の最外縁部である知人（アヌン・サラム）の、ウリに接続する接着剤がこのプマシ関係にあたる。互いに無理がきき、社会的な不合理も知人間の親密さを代償に押し通してしまう関係である。

この韓国女性の例でいえば、彼女は仕事を抱えていて、本当ならば私の仕事を手伝う余裕がない。日本人ならば丁重にわびて、「ちょっと無理です」、つまりできないと暗にほのめかすであろう。しかし韓国人は、そもそもこのような知人関係、とりわけ恩恵と庇護の関係で、無理だとか、できないとは情からして断じて言えないのである。そこで正直に、嫌だけれどします、と決然というのである。

ついては今している「嫌な仕事」を代わってほしい。これも実に筋が通っている。この仕事をこちらが何らかの形で引き受けない限り、彼女に時間的余裕は生じない。

これも究極的に断われない関係から必然的に導き出されたもので、断わりたい気持ちはあるだろうが、悪意などあろうはずがない。「やめたい仕事」と正直に内心を吐露しているのが、何よりの証拠である。

日本では知人間でも頼み事は、その形さえウェットにすれば、内実はドライに断わることができる。義理の関係というのは、相手にさらなる負担をかけないということが前提なのであり、負担をかけたならばすぐにお返しという形で清算しなければならない。重すぎるほどの負担を避けるという点で、現今ではお返しはその場その場で実にまめに行われるし、頼み事は双方が互いに状況を見て、重すぎればさっと引けばよい。これを見て韓国人は、日本人はドライだというのである。なぜならば、韓国人はここでさっと引けば関係が終わってしまうため、あくまでもこの窮地に踏みとどまろうとするからである。

断わりは断絶

韓国に住んでいると、この彼女と立場が反対になる。

私の妻は韓国生活は私より長くて八年をすごしたが、このプマシの話をすると思い当たる節があるといって、いくつかの話をしてくれた。ちなみに彼女は在日韓国人二世であるが、プマシはまったく体質化されていない。日本の義理の側で育った人である。

私たち夫婦にはSという共通の日本人の知人がいる。彼が初めて韓国に来るとき、ビザがなかなか発給されなかった。韓国内の事務がもたついている結果であり、これは往々にしてあることである。そこで彼女の知合いが出入国管理事務所にいるということで、その人に手を回してもらい、発給を急がせたところ、すぐに出た。これも往々にしてそうなのである。みなが同じことをするので、ほうっておくと次々に後回しにされてしまうということなのであろうか。彼女はこの他にもう一回同じ人に同様の頼み事をしたことがあったという。こちらも結果はうまくいった。彼女は義理の側の人なので、早々にウィスキーなどを持って行き、丁重にお礼をしたそうである。

さて次が問題である。忘れていた頃に、この人からある日突然連絡が入った。妻は当時、Y大学の語学学校で日本語の教師をしていたが、急に日本語を学ばなくてはならなくなったのでこの講座にいれてほしいとの頼みである。ここの講座は各級に分かれていて、級ごとが三カ月の学習コースになっている。頼まれたのはすでにコース開始後、ひと月たった時点だったため、生真面目な彼女はこれでは学習効果が減殺されるといい、次の二カ月後のコース開始時の入学を勧めて、今回は見送らせたという。しかしこれがこの人との関係の最後であった。以後はビザの発給を頼んでも、部署が代わったからと、婉曲に断わられたそうである。

筆者にももちろんこのような経験はある。ただ頼み事が大きくて、ある韓国商社が販路を独占している日本の医療機器を個人的に搬入してくれなどといった、明らかに法律違反のものなので、俺を監獄に送る気か、といえば断わっても角が立たなかっただけである。自分の著書を日本で出版したいが、ついては出版社を紹介してほしいという頼みも何度か受けた。これも全部自分で訳してきなさいといえば、相手は資力的にも能力的にも諦めてしまう。私は当時無意識でしていたのだが、韓国人同士が関係を絶つことなく断わるときも、同様の（相手のせいにする）方法を用いるようである。

先の私の妻の頼み事の例などは、事務員との個人的な関係がうまくいっていれば韓国では充分実現可能であり、学期途中でも無理やり彼を講座に入れてしまうこともできただろう。しかし日本生まれがこのような行動を取り続けていると、自己の背負った社会的倫理に対する後ろめたさが次第につのっていって止めどがなくなり、やがて良心に重くのしかかってくるようになる。あるいは常習化して、韓国人相手のブローカーのようになってしまいがちである。常習化する人は大抵頼み事を断われない心根のやさしい日本人で、結局社をやめて日本に帰らざるを得ないことが多い。このような人を筆者は実際に何人か知っている。ある人は車まで韓国人の頼みで日本から搬入し、それを試運転の時に急なバックで社の外壁にぶつけてしまい謹慎処分にあっていた。ここまでする必要があるのだろうかと周りの日本人は言っていたが、当地ではあるのである。少なくとも、韓国人から受ける利益だけはいただいておいて、都合の悪いときには相手の頼みを断わるという我々よりは、彼ははるかに韓国の道徳に沿っていた。

プマシと願い事（付託、ブッタクという）から始まって韓国人の知人間の絆についてながながと語ってきたが、日本とはよほど違っていることがお分かりいただけたことと思う。前述したように韓国の知人関係はナム（他者）に最も近いウリ（自分たち）の最外縁部であるため、互いの亀裂を絶えず埋めるために不断の情の注入、ピエタス・インプットを行わなければならない。これが双務関係にまで発展したものがプマシであり、ブッタクであり、これを断わると関係はたちまち途切れてしまう。切らないで断わるには、相手のせいにするとか、不利な交換条件を持ち出すという方法しか取れないのであり、あくまでも窮地に踏みとどまり相手との危うい絆を確保しなければならない。

さて、義理とプマシとどちらがより近代資本主義社会において洗練されているかといえば、それは明らかに現在の形の日本の義理関係である。韓国人の読者の方にことわっておきたいが、これはどちらが正しいか間違っているかという問題では決してない。深い亀裂を挟んで個人的な請託の絆に知人関係のすべてを託す従来のプマシ関係では、上記の例で言えば、ビザの発給は合理的には行われないし、日本製品は闇で出回り、学期途中の編入による授業の混乱は避けられないということを言いたいのである。つまりこの関係が、社会的なナムの世界のシステムを絶えず混乱に陥れる結果になるということなのである。政府の当局者たちはこのことは百も承知で、ナムの世界にも秩序をもたせようと次のように教化している。

我々はバスや地下鉄に乗るとき、前の人をかき分けてまず（自分が）乗ろうとする人を時おり見る。しかしその人がもし車内で知人（アヌン・サラム）にでも会えば、車に乗るときとはまったく違った態度で、取るのに苦労した座席をその人に容易に譲るのを見る。このように我々の社会には近い人にはとても道徳的で礼儀正しいが、見知らぬ人（ナッソン・サラム）には無礼に対する場合がある。

しかし見知らぬ人々との間の交流が少なかった時代には、他の地方の人や他の宗族に対する排他的で、敵対的な態度が別に問題視されなかった。しかし自分と近しい人々よりは見知らぬ人々と多くの時間を過ごす今日の市民共同体社会では、過去の伝統社会と同様の倫理観をもつ場合、色々な問題点が生じて来ると思われる。

そのため今日の我々には、望ましい市民共同体生活を営むための新たなる人間関係の原理を整理する必要があるのである。（韓国文教部『中学校道徳、二』一九八九年）

筆者にこれ以上の贅言は無用であろう。ここでこの項を終え、知人関係のさらに外にあるナムたちの世界へと進みたいと思う。

二、知らない人たちの世界

情のウリと無情のナム

よく韓国人は、日本人は水くさい、そっけない、情がないという。たとえばある韓国人女子留学生は筆者に次のように語ってくれた。

日本に来て二年目、ようやく友人になれそうな日本女性とめぐり合った。さらに親しくなりたかったので、自分に映る相手の性格を欠点まで含めて腹蔵なく思いつくままに話したという。すると相手は黙ってじっと聞き入り、反論もせずにただただうなずくばかりであったので、「そんなに私のこと考えていてくれたのね」という風情に見えた。彼女は喜ばれたと思いすっかり有頂天になった。

「正直に話してよかった。これでもっと親しくなれる」と、彼女は確信したそうである。ところが翌朝、通学途中の電車でいっしょになっても、その日本女性は彼女を見て見ぬふりをする。近寄ろうとすると顔さえそむける。

日本人ならば、うーむ、そうだろうなと思わず一言漏れる光景である。ところがこれは彼女にとって一大ショックであった。筆者の言葉で言えば、せっかく相手を自分がどう思っているのか、包み隠さずに率直に、情をこめてピエタス・インプットしたのに、知人関係が安定しない。それどころか逆に亀裂が広がってしまった。日本人はほんとうに人情のない、わけの分からない民族だ。と、こうなるわけである。

日本人にしてみれば、はじめから二者間の亀裂には注目しない。問題なのは、どれだけ負担を増やすことなく、安定的な双務関係を維持するかということである。こちらが気にならない亀裂を埋めようと、心のなかにまでぐいぐいと入りこんで来る韓国人には正直うんざりしてしまう。そしてそれは、無遠慮にも見えるわけである。この安部公房の戯曲『友達』ばりの友人の「おしつけがましさ」に、日本人はやがて閉口してしまうのである。

しかし社会の表層、つまり見知らぬ人との関係において、どちらの方がより「個人」主義的に見えるかといえば、それはやはり韓国の方である。知人間が絶対的に平等であることに加えて、非知人間に無秩序の「自由」(無関心)があるからである。この世界ではウリをはずれたところには、伝統的な拘束力をもつ倫理道徳は何一つ存在しない。あるいは教化としては伝統的になかったと言うべきだろうか。九二年に訪韓したときには、人々が他者のことをずいぶんと考えるようになったように思えた。そこで知人に聞いてみたところ、オリンピックで外国人がたくさん入ってきてからは、伝統的な外国人に対する敵愾心がだいぶ和らいだので筆者にそう見えただけだそうである。

ただこの社会は住んでみるとわかるのだが、深く入りこまない限り、非常に気楽に見える。

日本のように集団のなかの真綿の拘束力もなく、他人のことをあまり考えなくてもよい。自分は好きなように生きていけるのだという気楽さがある。この気楽さが韓国における日本人の甘さに過ぎないことは、すでに前項に述べた。たしかにプマシに気づかず、知人関係の投網にさえ引っかからなければ、韓国に渡った貴方は圧倒的に「自由」である。

義理のしがらみもなければ、対人関係の深読みもいらない。その場への気配りなどまったく必要でない。第一、場など成立しないのである。

たとえば、ある知人が私の知らないX氏と喫茶店で談笑していたとしよう。ここに私が知人との約束でやって来る。X氏が知人にとって、親しい大切な人であれば私はかならず紹介される。しかし知人とX氏がさして親しくなければ、三者同じ場所にいても紹介されることがない。その場に平気でほうっておかれる。X氏がなぜここに来ているかの説明もなく、知人とX氏、私と知人との会話が、知人を中心に並行して行われる。そしてX氏はやがて話を終えて帰っていく。一度試みに会話の途中で、この方どなたと尋ねてみたことがある。これは雰囲気を壊す。そのような習慣がないため、知人はどぎまぎして、つぎに気まずい沈黙が流れてしまった。もっとも最近では、このような状況がビジネスマンたちの席であれば、年上のものが率先して紹介を請うこともあるようである。仕事の便宜などの互いの利点を考えるからだが、利点という要素がなければ、韓国における場は相変わらず凝結し得ない性格のものである。

このように韓国では、ウリの外界に生じたナムたちの集まる場に、気をつかう必要がまったくない。重要なのはあくまでも個々人の親密度なのである。筆者もそうであったが、日本を離れて、このような場に気をつかわない社会に来ると、何ともいえない解放感があるものである。

飲み屋で飲んでいても、日本のようにこちらの話をとなりでじっと聞いていて、やがて闖入してくる御人や、客を選ぶ店主や常連集団なぞはいない。知人集団が皆銘々に勝手気ままに楽しんでいる。店の雰囲気は日本的感覚でいえば、バラバラである。みな隣のことなどしっちゃいない。

人の結婚式など、ただ集まって飯を食う。日本のような披露宴のスピーチもなく、参席者は飲み、食べ、しゃべり、当人たちそっちのけで楽しく騒ぐ。まったく関係のない自分の知合いをつれて行ってもよい。みんなで鱈腹食べ、記念撮影をして帰る。ただそれだけである。

筆者の友人に韓国の航空会社で次長まで昇った在日韓国人がいる。彼が若い頃、次のような話をよくしてくれた。韓国の企業で働いていると実に虚しい。日本ならば柱の陰で自分を見ていて評価してくれる人が必ずいる。これが韓国にはいない。社内の宴会の席、運動会、得意先の接待。自分はこのような席でいつも韓国語をあやつりつつ率先し、幹事や司会などをしてきた。しかし、上司は誰も見ていない。重要なのは自分のボスの誕生日、あるいはボスのお嬢さんの誕生日の方である、という。会社でも自分の派閥以外の人は全部ナムなのである。

原色の他人たち

とにかくナムには無関心。そういう世界がここにはある。そのため知人に対する最大の侮辱は、ナムに対するように無関心の態度をよそおうこと、つまり無視するということになっている。知人同士が何かの事情で最悪の敵対関係に陥ったときには、まずあからさまに無視するところから攻撃がはじまる。廊下などですれ違いざまに、相手にそれと分かるようにプイッと横を向いて激しく「無視」する。声をかけてきたら、がなり返す。つづいて他の知人に彼がいかに悪い奴かをくどくどと陰で説明する。これを韓国語で「イガン・ヂル（離間事）」という。離間させるわけである。こうなったら最悪なので、参考のために述べておく。

しかし表層上は気楽な無関心のナムたちの世界なので、私はよく学生にこういう。日本で生きて行くのが苦しくなったならば、自殺する前にぜひ一度韓国に行きなさい、自分が何を悩んでいるのか馬鹿馬鹿しくなる、と。ただそれは知人関係の投網にかかる前の一、二年間のことにすぎない。これにかかり自分がウリに連なると、いままでの気楽な世界が、今度は浅茅が宿となる。

韓国で筆者の勤めていたH大学も、みながナムであった。同じ学科では教授たちが互いにナムであることを覆い隠すために、学科費で不断に共同会食を繰り返していた。学校にいるときには、暇さえあれば集まってコーヒーで談笑、帰りは酒で宴会。研究などしている暇がない。

それでも、互いにナムであることは仮面の下からいつも露呈していた。談笑や宴会のたびに、そこにいない者の悪口をかならず言う。これも先ほど同様「イガン・ヂル」という。したがって、私がその席にいなかった場合には、彼らは私のイガン・ヂルをかならずしているはずである。興味深いことは、韓国では自分に対する悪口が、回り回ってやがて自分の耳に入って来ることである。

さて、このようにいうと、日本では何か陰湿な集団を思い浮かべがちであるが、そうではない。このナムたちの集まりはとびきり明るいのである。冗談につぐ冗談、小咄のオンパレード。互いに無関心なナムたちの仮装舞踏会とでもいおうか。だが互いに無関心であることは些細なことですぐに知れる。

ある日私が学科室に入りざま、ドアの脇においてあった蕎麦の碗に足をぶつけた。出前が取りに来るのを待つにしても、無造作もはなはだしい。韓国の蕎麦というのは日本のとはわけが違い、真っ赤な唐辛子スープの蕎麦である。残った赤いつゆが飛び散り、私の一張羅はたちまち哀れな姿になった。すると、その場に居合わせたナムどもはみな遠慮なく一斉にドッと笑う。笑い声が狂喜のように鼓膜に響く。そこに同じ学科にいるもう一人の日本人の女性講師が通りかかった。「まあ、先生大変。どうしましょう」と、心配顔でこう尋ねてくれる柔らかな仮面の方が嘘のように思えたものである。

陽気な原色のサラム（人）たちはとにかくよく笑う。

KBS日本語講座（八〇年から八五年まで、筆者はゲストとして出演していた）の野外録画の日、車のなかでの男女のスキットだった。女性の共演者が自家用車をもって来ており、そのなかで筆者と会話をする。カメラは扉を開けて、斜めのアングルで入った。カメラマンがぶつぶつ言い出す。どうもフロント・ミラーの光でうまく撮れない。困ったものだ、何とかならないものかと言いつつ、彼は急に前の我々の席に半身乗り込んで来た。フロント・ミラーに手をかけ、角度を変えようとチョイとひねる。ボキッ。何ときれいに折れたものだろう。それを見るや、そのカメラマン当人、アシスタント、プロデューサー、みな一斉に雪崩をうったように笑い出した。共演者は怒りで青くなり、筆者が今度はなだめ役となった。

この世界では他人はコクトゥ・カクシ（操り人形）のように踊っている。それがおかしければ人々は率直に笑う。その遠慮のなさは、まさに異文化である。

八三年一〇月、ビルマ・ラングーン事件がおこった。北朝鮮の工作員によって仕掛けられた爆弾が、当地のアウンサン廟を参詣中の韓国高官たちを襲い、六人の閣僚を含む多くの人々が殺害されたという事件である。全斗煥《チョンドゥファン》大統領は一行中、遅れて現地に到着したために危うく難を逃れた。

筆者はちょうどこのとき、知人たちとソウルは新村《シンチョン》近くの飲み屋で豚の三枚肉などを肴に杯をあおっていた。テレビは間断なくこの事件を伝え、街頭インタビューのマイクに向い、道行く人々は許せぬ蛮行としきりにがなりたてていた。

夕暮れに外行く人は切り絵のよう。店のなかに立ち昇る豚肉の湯気、鉄板にはねる油。

店主はなたのような大刀で、肉を黙々と垂直に押し切っていた。

テレビのアナウンサーが言う。「繰り返します。繰り返します。全斗煥大統領は無事です。全斗煥大統領は無事です」。

すると客の一人が鉄箸をもった手を大きく振りあげて言った。

「アイ、チャム（まあ、ほんとに）、なんて運のいい奴だ」。

合の手が入る。

「チッチッ、惜しいったらありゃしない」。

店中の客がゲラゲラと笑いだす。何とカラリとした、胡散臭さであろうか。

彼らも、マイクに向かって激昂しているテレビの韓国人も、みな同じ韓国人なのである。

「許せない蛮行です」。

「このようなことがあってよいものでしょうか。これは獣の仕業です！」。

画面では爆殺された人々の名簿が映し出され、読み上げられていく。みな錚々《そうそう》たる肩書の政府高官たち。最後に肩書のないものが二名だけいた。

「アイ、ヌグジ（あれ、誰だ）」。

「舞姫か？　歌手かな？」。

韓国では女子が生まれると、次には男子が生まれるようにと願って、その子に男子名をつける風習がある。名前だけでは男女の性別はつかないのである。「福男」とか「希男」(男を希望するの意)という名前の美女がいたりする。

別の客が新解釈を披露する。

「きっと宴会用の酌婦に、ちがいない」。

するとまた、店中がゲラゲラッと盛り上がる。

日本のようにニヤニヤッとはしない。遠慮や後ろめたさなど微塵もない。みながワッハッハッと明るく陽気で、そして限りなく不謹慎である。

今宵もナムはナムを笑い、原初の人間たちの笑いが非知人たちの荒野にこだましているだろうか。

三、ウリの「理」屈

それでもウリは正しい

さて、ウリがナムを弁別する以上、ウリには自分たちの「理」というものがくっついて来ざるを得ない。さもなくば確かに不謹慎というだけになってしまうだろう。ウリの「理」、それを一言でいえば自分たちの「正しさ」を根拠づける理屈とでも言おうか。

北朝鮮の主体思想という「正しさ」からみれば、韓国はいつまでたっても主体の立たない米国の植民地であり、米国の傀儡《かいらい》政権の支配する暗黒の巷ということになる。韓国だって同じで、韓国語では北朝鮮のことを北の傀儡政府ということで「北傀」(プッケ)と呼称したのである。

有名な地域対立のレベルでも、韓国の慶尚道人の政権の「正しさ」を嫌っているのは、かつて光州事件で痛めつけられた全羅道人ばかりではない。北朝鮮の平安道人や咸鏡道人も、慶尚道人の支配を同様に恐れている。これが北朝鮮の内部崩壊をある程度抑止する力になっていると見ることはあながち無理な話とは言えまい。文民政権などという「正しさ」を慶尚道人が「理」として鎧うことは、まわりの各道人にとっては困惑以外の何ものでもないだろう。といって、筆者は朝鮮民族の伝統的な地域対立を無理にかき立てているわけでは決してないのである。あるものを無いとは言えないというだけの話である。

韓国で暮らしてみるとわかることだが、いったい何が「正しく」、何が「間違っている」のか、いつも躍起になっている彼らを見る。そしてそれにはある道徳性をめざした理屈が必ず纏い付いているものである。

たとえばあるクリスチャンは私に語った。「日本は悪魔の住む悪い国だ。その証拠にクリスチャンがあんなに少ないではないか」。つまり、まず善し悪しを決めてから、道徳性をめざして理屈固めするのがコツである。悪魔が住んでいるというのはあんまりな気がするが、理屈であれば屁理屈でも何でもかまわない。この人が本気でそう信じていて悪魔のごとき日本人とつき合わないかといえば、そんなことはない。実際日本人の私とつき合っているのだから。

問題は、この「理」屈が彼の日常的な道徳観をことごとく規定してしまうような性格のものではないということである。では何かといえば、ナムたちと論争したとき、ナムたちを呆気にとらせても、感心させても何でもよいのだが、とにかく自分たちより道徳的に下方に封じ込め黙らせる威力を発揮できればそれでよいのである。これは「道徳」的とは一段別の概念であり、韓国人には「道徳」的であることとは別に、もうひとつ、この「道徳志向」的という概念があると考えるとわかりやすい。つまり韓国人が本当に道徳的にこちらを非難しているのか、単に道徳志向的にナムであるこちら側を封じ込めようとしているのか、こちらは二様の対応を迫られるというわけなのである。

ウリの理論武装

韓国人が道徳的であることとは別に、道徳志向的であることを初めて指摘したのは筆者ではない。『東京ソウル物語』『昭和最後のソウル』などの著作で、その若々しい感性と鋭利な視点で、朝鮮分野に登場した元電通マンの小倉紀蔵氏である。氏は韓国に魅せられ、一流広告マンの職を捨て、現在ソウル大学東洋哲学科博士課程に在学中である〔執筆当時〕。氏によれば韓国人の道徳志向性とは、ウリがナムを封じ込めるための戦略の一つである。大袈裟にいえば、社会のあらゆる団体及び個人が、自らの道徳性を主張し、同時に他者の非道徳性を叩くという様相を呈しているのが韓国なのだという。政党、消費者団体、宗教団体、企業、軍人、学者、作家、労働者、学生、主婦、歌手など……。そのすべてが自らの道徳性を声高に主張する。そして全韓国人が一丸となってウリの下方に封じ込めようとするナムが一つだけある。それが日本なのだという。

しかし日本は昔の学生やインテリのイデオロギー論争ならいざ知らず、一般的に「道徳志向性」が欠如した社会だから、韓国人が何を怒っているのかよくわからない……。

ではなぜ韓国には日本にないこのような「道徳志向性」があるのだろうか。小倉氏との対話を通じて私たちにはそれはすでに自明なのだが、結局はかつて朝鮮全土を席捲したあの朱子学の教化の賜物であるという結論に再び達するのである。朱子学では「理」というものの争奪戦を演じる。少し大胆なことを言えば、これは新儒教徒が仏教徒との論争を通じて自己に取り入れた、説法とか問答の名残であるように私には見受けられるのである。自分がどれだけ「正しい」か、自分がどれだけ相手より「道徳」的に勝っているか、どれだけ自分の方に「理」があるか、朱子学はこれを競うのである。そして「理」を多く我がものとした者ほど、天の理をより多く心性に含むものとして上位に立つ。これを賢者といい、君子というのである。下方に封じ込められた相手は自分より「道徳」的に劣った、「理」に恵まれない小人《しょうじん》である。李朝の儒者たちはこの「理」の争奪戦で激しい派閥闘争を行った。これを朝鮮思想史では「党争」という。

加言すれば、朝鮮民族のウリのナムに対する理論武装としてこの「道徳志向性」の現代まで続く有用性があるのだと思われるのである。

朝鮮民族の「道徳志向性」とは、いわばナムによって圧迫され続けたウリの最終戦略と言えなくもない。自分を圧迫するナムは歴史上、官吏でもあり得たし、地主でもあり得たし、他宗族、他学閥、他郷人、そして強大な中国でもあり得た。ナムがつねに力によってウリを屈服させ続けた結果、ウリは理論武装することを覚えたと見ることもできる。

朝鮮の歴史を振り返れば、それは朝鮮国内の権力者と、朝鮮国外の強大国による圧迫と収奪の歴史である。力づくでやって来るナムにウリが現実的に勝てたことなど一度もないのである。遊牧民のモンゴルは高麗に馬と鷹を要求し、済州島《チェヂュド》を馬の放牧場にしてしまった。明国は朝鮮の仏舎利を要求し、釈迦の真骨を力づくで奪って行った。女真族の清は朝鮮から高麗人参（これは当時、銀に匹敵する軍資金）と兵隊と女を奪い、明に攻め入り国を建てた。そして最後に日本はこれを植民地化し、融合せんと企てた。朝鮮のウリが選んだ道は、泣くこと、絶望することなどではなかった。絶望などしていたならば、生きてはいけなかったのである。ウリが選んだ道は言語で自己を理論武装すること、「道徳志向性」で少しでもナムに対抗し、自己を有利に導く道であった。朱子学の「理」は東の果て、東の海の際に、この願ってもない培養地を見いだした。それが朝鮮であったとしたら読者はどう思われるであろうか。

第五章❖理気の世界

仮面劇の演者（撮影＝藤本巧）

一、「儒」な理と「野」な気

理屈ぬきの気の世界

さて、ウリの道徳志向性の根拠となるウリの「正しさ」を保証するもの、これを朝鮮語で「理論」、あるいは略して「理」という。

この理にはそれこそ色々なものが入るだろう。李朝時代は朱子の礼論や性理学であったし、日本植民地時代の親日派にとっては神州不滅の国体思想であっただろうか。今日の北朝鮮では主体思想、韓国ではそれこそ制度圏の、政党、宗教団体、企業、軍人、学者、学生、運動圏の活動家と、さまざまな言い分のウリの「理」が乱立している。これを仮に「理の世界」と呼ぼう。この世界では理を掲げて声高にウリの道徳性を主張すると、禄にあずかり飯にありつき、知的であると賞賛される。インテリらしさの世界、韓国語の「有識」なる人々の世界である。

しかし一方ではこれに対する「無識」の世界、理の及ばぬ気分爛漫の「気の世界」も同時に存在しているのである。アジョシ（見知らぬ男性）・アジュマ（見知らぬ既婚女性）・アガシ（見知らぬ未婚女性）らの知や禄や力とは無縁の、限りなく自由な、ゆえに限りなく散漫で空腹な世界である。

この世界はかつて儒者の伝統世界から排除された、庶民の「野」な世界であった。儒から無知で無力で空腹なまま放り出されたので、この世界にはかしこまった規範も品位もない。そのかけらもない。あられもない。奔放である。この世界を表す形容詞を韓国語で「ヤー（野）ハダ」という。ゆえに韓国では延世大学という超エリート校の教授、インテリ中のインテリ、馬光洙《マグァンス》氏が『ナヌン・ヤーハン・ヨギャガ・チョッタ』（『俺は野な女が好きだ』一九八九年）という随筆集をだしたとき、国中大騒ぎになったのである。これは韓国の常識上、ぜひとも「俺は儒な女が好きだ」でなければならなかった。

朝鮮の民間芸能なども、この儒から排除された「野」の人々によって担われていた。両班たちは「読書するのが士、政治をするのが大夫、徳があるのが君子」（『両班伝』）といい、民間芸能などの「野」なものを卑しみ蔑んでいた。

朝鮮の民間芸能とはどのようなものか、筆者のところで韓国の仮面劇の研究をしている学生（執筆当時）の小竹正之君の訳で、韓国安東《アンドン》の河回《ハフェ》ムラに伝わるタルロリ（仮面劇）の一節を次に紹介しよう。

破戒僧の一幕

若い寡婦であるプネが、物陰で小便するところからこの一幕（マダン）は始まる。小便をしているところを僧侶が目撃し、プネの去った後、僧侶は地面に顔を寄せ、土を手に取りその匂いを嗅ぎだすのである。匂いを嗅いだ僧侶は次のような台詞を言う。

ウフフフフ、アイグー、匂いだ。アイゴー、濡れておるわ。

欲情した彼は経文を唱えながらプネに近付いて行き、ついに笠を脱ぎ捨て、破戒してしまう。そして、次のような数え歌でプネを誘うのである。

一（イル）に　一伽山（イルカサン）で年老いた坊主が
二（イー）に　二伽山（イーカサン）に向かう道
三（サム）に　三路（サムロ）の路上で
四（サー）に　士大（サーデ）婦女（おくさん）に逢って

五（オー）に　おしっこ（オジュム）の匂い嗅ぎ
六（ユク）に　欲情（ヨクチョン）が込み上げ
七（チル）に　七宝（チルポ）の飾りはしていなくとも
八（パル）に　ご縁（パルチャ）があろうが無かろうが
九（クー）に　区別（クビョル）などなさらずに
十（シプ）に　おまんこ（シプ）させて下さいな

と、いうのである。

嗚呼、なんと下品なのだろうか。筆者などワクワクするのだが、これが大韓民国国宝第一二一号に指定される河回ムラの仮面によって舞われる仮面劇なのである。ゆえに、私は若き研究者である小竹君に言うのである。世界に比類の無い「下品さ」を有する韓国の民間芸能が、なぜ下品なのか、それを解くことが君の研究者としての使命であると。

大韓民国重要文化財第三号に指定された放浪芸人、男寺党《ナムサダン》の「コクトゥカクシノルム」（人形芝居）なども、すごい。「てめえの父ちゃんの尻と母ちゃんの尻をぴたっとくっつけたみてえな杖鼓《チャンゴ》の胴そっくりなガキ共め」とか「昼寝をしていて蟻に金玉の根元を嚙まれ、ころっと死んじまった」（韓国民俗劇研究所編、梁民基・平井美津子訳『図解・韓国の伝統人形

芝居 コクトゥカクシノルム』一九八六年）などという過激な台詞が乱舞している。

儒から排除されるとは、実にこういうことなのである。すなわち、あらゆる知性から排除され、あらゆる文化的洗練から排除され、道徳も規範もなく、限りなく自由に「野」に放り出されるということなのである。ゆえに、限りなく「下品」なのである。

朱子の理想郷

筆者が八〇年代を過ごした韓国の街角は、まさに「野」であった。秩序もなければ、世間知もなかった。知性も、禄も、力も上層階級に独占され、中産階級はなく、民間下層は油のように上の水を跳ね返していた。世間知がないので、町の物知りの御隠居もいなければ、横丁の紅羅坊名丸《べにらぼうなまる》先生もいない。そういう知識のある人はみな偉くなってしまうのである。ここが日本と大違いのところで、野放図な八っつぁん、熊さん、張三李四《チャンサンリースー》だけが町を闊歩していた。

世間知がない。これが儒教国家、とりわけ朱子の楽園の大きな特徴である。繰り返すが朝鮮は孔子派の儒教国でもなければ、孟子派の儒教国でもない。徹頭徹尾、朱子派の儒教国である。儒教にも他の宗教同様、様々な宗派があるのである。朝鮮を孔子派の儒教国と思っていると、アイルランドをプロテスタントの国と思うほどの間違いを犯すことになる。

それでは一二世紀の人、朱子とはどんな考え方をしたのであろうか。

朱子は存在というものを「理」と「気」の合体から説明した。万物には鏡のごとく明澄な「理」が天より分有されている。しかし万物の素材をなす「気」に清いものと濁ったものがあるのである。これが鏡を曇らせる。一番濁ったものは器物、モノである。つぎは草木であり、頭を下にしている（つまり根）ほどに劣っている。次にましなのは禽獣、動物のことである。禽獣は気が濁っている分、頭がまちがって横についている。次は人間だが、これも気の濁った者がいる。卑しい小人《しょうじん》である。君子は気が澄んでいる。澄んでいる分、「理」鏡の光がまし、道徳の知性が輝く。したがって彼にこそ卑しい他の物どもを徳治で率いる資格がある。

ふざけるな、と思われた方は朱子の弟子になれない。朱子の弟子たるものはここで努力するのである。小人から君子、その上には賢者、聖人がある。この階梯を昇るため、儒教の古典を読み、心安らかに徳を鍛え、中国の礼教に則って冠婚葬祭の礼法を実践し、磨くのである。そうすると濁った気がはれて次第に澄んでくる、とする。

具体的には、朴趾源（一七三七年～一八〇五年）が両班《ヤンバン》を揶揄した『両班伝』によれば、両班たるもの、朝は、はよから起きて火をともし、まなこ鼻の先をにらんで踵で尻を支え、『東萊博議』をヒョウヒョウと誦み、……怒っても妻を打ってはならず、怒っても器物を蹴飛ばしてはならず、拳で児女を殴ってはならず、死ぬべき奴とか死ぬべきあまとか罵ってはならず、牛馬を叱るときは飼い主を辱めてはならず、病の時に巫（シャーマン）を呼んではならず、祭祀のときに僧を呼んで宴会してはならぬ。

のである。

こうして読書し、朱註をそらんじ、礼教を実践し、儒者文人（ソンビ）となり、科挙やコネで官職につき、禄にあずかり、賄賂をあつめ、権力を握って、有識階層ができあがると、一方ではあらゆる知・飯・力から排除された無識階層が広範に自給自足社会に放置されたのであった。「気」の濁った、「正しい」礼教の実践できない、世間知の無い、「野ハダ」な人々は埋葬で巫覡《ふげき》を呼んでは百叩き、葬式で僧侶を呼んでは百叩き、遺骨を隠して絶島送り、火葬して撲殺、再婚して拷問。しかし勉強しなくてもよく、頭痛もなく、目もくらくらせず、政争で殺されることもなく、卑猥な祭に打ち興じ、限りなく空腹な自由を満喫したのであった。

このようにして朝鮮では儒な「理の世界」と、野な「気の世界」がきれいに分離した。

二、理気乱流の韓国

二つの世界が入り交じる

筆者の表現を政治学的に言えば、次のようになるだろう。

西欧的な意味では、朝鮮（少なくとも朝鮮南部）には、中産階級というものは存在しなかった。共通の利害を持った広範かつ人口稠密な機能的集団、あるいは、地位集団が、両班と平民の間に確立されたことはなかった。朝鮮社会は、基本的に、あらゆる権利を持つ支配者と、あらゆる義務を背負わされた被支配者との二極社会であった。（グレゴリー・ヘンダーソン『朝鮮――渦巻の政治』一九六八年、邦訳『朝鮮の政治社会』）

往時の紀行文によれば、こうなる。一八九四年から九七年まで朝鮮各地を旅行した英国人ビショップ夫人の記録である。

改革があったにもかかわらず、朝鮮には階級がふたつしかない。盗む側と盗まれる側である。両班から登用された官僚階級は公認の吸血鬼で、人口の五分の四をゆうに占める下人《ハイン》は文字どおり「下の人間」で、吸血鬼に血を提供することをその存在理由とする。（イザベラ・ビショップ『朝鮮とその近隣諸国』一八九八年、邦訳『朝鮮紀行』）

両方ともきわめて西洋人らしい物の見方なのであるが、筆者はこのような一方的な収奪の国では五百年間も立ち行かなかったと思う。儒者文人（ソンビ）はゾンビのように民衆の血を吸ったが、その収奪分のかなりの量を村人との共同会食で分配していたのではないかと思われるのである。冠婚葬祭のたびに両班家では盛大な会食の宴を張るのであり、村人や下人は両班家の門の外にあふれて共に食ったのであろう。これは今でも田舎の冠婚葬祭の際にありふれてみられる光景である。

「理の世界」に集まる飯をまつりごとで「気の世界」に放出するのである。ここに朝鮮民族の会食の楽しみがあり、また「たかり」の原形があることは既に第一章で述べた。

筆者も韓国にいた頃、朝鮮民族の飲めや歌えの楽しい共同会食を知っている。これは本当に楽しいのである。朝鮮民族とは議論してはならぬ、共同会食すべし、というのが私の持論でもある。なぜならば議論は理の世界であるが、共同会食は気の世界のことである。一切の理屈から解放され、原色の人間たちが頽落の極みを演ずる。一言でいえば、下品、乱痴気、鱈腹、へべれけ、色情、糞味噌、犬猫、狂瀾である。

ところが最近の韓国ではこのようなことが余りなくなってきている。これは資本主義がうまく行っている証拠だろう。共同会食は小さいパイを分配し消費するには効率的であるが、パイを絶えず拡大して行こうとする生産性重視の社会には向かない。最近の韓国人が割り勘すらするようになったのも、この傾向が反映しているにちがいない。こんな莫大な共同会食費を一体誰が出せるものか、という「健全」な思考が定着しつつあるのである。

理の世界と気の世界を現実で結ぶ「中産階級」も、韓国では少しく生じて来ているようである。理と気が乱れ混じって来ているのである。

昔は食人種（夷狄）や牛馬（禽獣）の小噺しかしなかったホステスたちが、『於于野談』や『野乗』に出てきそうな洒落た両班流の小噺をしたり、エリート大学の教授が『ナヌン・野ハン・女子ガ・チョッタ』と書いたりする。何か胡散げなものが密かに進行している予感がする。

しかし理気乱流が爆発的なものにならないという保証はない。それは気の世界の積年の恨（ハン）があるからである。

恨（ハン）の精神病

ハンとは朝鮮民族の歴史的個性として非常に特徴的なものであり、様々な解釈があるが、筆者に言わせればそれは、「伝統規範からみて責任を他者に押し付けられない状況のもとで、階序型秩序で下位に置かれた不満の累積とその解消願望」である。精神科医のよい症例があるので次にそれを掲げよう。

症例

三五歳のM氏は、はなはだしい憂鬱症、自虐症、不眠症のため治療を開始した。……（治療の）一年後、名門の娘である今の妻と結婚した当時、掃除夫として働いていた父を銀行の理事だと騙して結婚した罪悪感を告白。二年後には従姉と性行為をもったことを告白（血縁の者との性行為は禽獣の行為とされる——筆者）。三年後には子供の時に貧しくて万引したこと、友達の弁当を盗み食べたこと（を告白）、……ついに自分が今日このようになったのは、死ぬ思いで勉強したせいであり、その真の理由は貧しさのハンを解消するためだったと分かり、喜んだ。

症例

三八歳のK氏は、国内で一流校のK高校とS大学を出た後、アメリカ留学に行くことになった。一〇年間勉強したが、博士学位がとれないことになると、ついにノイローゼになり、帰国すると普段は恐れていた父の前で煙草を吸い(韓国では父の前では煙草を吸えない——筆者)、握手を求め、他人のように対した(生みの恩人の父に対する考えられない道徳的逸脱——筆者)。病がひどくなると、父に論争をしかけ、「どうして子供の時に母は自殺したのか」と詰め寄ったりもした。

症例

二八歳の主婦が結婚後、訳なく夫が憎く、罵倒してやりたくなり、腹が立つと食事を作りたくなくなるということで治療を受けることになった。彼女自身三流大学を出たことをひどく悲観し、心のなかでハンになっていたのだが、結婚相手も三流大出身であることを知るや、憎悪感、自虐感、憂欝症がつのり続けた。治療後も三流大学を出たハンはどうすることもできないといった。筆者がそのように区別する気持ちがあっても仕方のないことだ、誰でも固有の価値があるのだと認識させた後、ハンを克服することができた。喜んで生きるようになった。(白尚昌「韓国社会における精神治療の意味と応用」『韓国の社会と文化』第四輯、一九八四年)

下層階級のハン、儒教道徳的に禽獣にあるというハン、社会的上昇に失敗したハン、三流大学のハン、ここではエディプスさえもエディプスではなく、儒教道徳的な父子序列の子のハンになっている。そして皆、理の世界の道徳上、他者に責任をなすりつけることのできない状況なのである。掃除夫の父を恥じている不孝者の自分はゆるされず、孝子たるもの母の幼少時の自殺で父を責めることなどできない。貞婦は夫を尊敬すべく義務づけられている。理の世界の道徳が、伸び上がってくる不満を気の世界に押しやるのである。

韓国の精神科医はこの患者たちのハンを解かなければならないので大変なのである。ハンを解くこと、これを朝鮮語で「ハン・プリ」(恨解き)という。筆者の見解では、韓国でこれを現在主に行っているのはキリスト教会の指導者たち、北朝鮮では金正日その人である。北朝鮮の方は次の節に回すこととし、まず韓国のキリスト教について考えてみよう。

韓国キリスト教のハン・プリ

現在まで、筆者は韓国のキリスト教の諸教派・諸教会の発行する信者向けのパンフレットをアトランダムに収集しているが、そこに共通してみられるのは圧倒的に神の「コッチム・パッキ」(治病)である。一例をあげようと思うが、教派・教会名などはここに挙げることができない。歴史ある、教勢の盛んな教派の教会であることだけは明らかにしておく。

とくに精神的な疾患は大部分、魔鬼が及ぼす場合が多いのです。おととい大（企業）グループの会長の、息子の社長が苦労のはて薬を飲んで自殺しました。憂鬱症、不眠症、ノイローゼ、神経過敏、訳なく不安な病、疑妻症（妻の貞操を疑う神経症のこと――筆者）などは、みな魔鬼が及ぼすものです。薬ではだめです。イエスの名で鬼神を追い払えば、すぐに治ることができます。私はいままで、我が教会でも治病された人が無数に多く、復興会に出ても死ぬ病にかかって治った人の証言を無数に聞きました。明らかにイエスさまは昨日も今日も永遠にいつも同じでいらっしゃり、我らの病を直してくださるのです。（某教会某牧師の説教、一九八九年八月二五日発行のパンフレット）

もちろんこのような教会ばかりではない。シャーマンや占い師的な要素を厳しく排除し、「理の世界」に生きようとする教会もあるのである。

しかし逆に、個々人の恨（ハン）を解くということをはっきり目的として掲げる教会指導者もいる。たとえば民衆神学の安炳茂師である。

巫堂《ムーダン》は恨に満ちた人、その家族、そして聴衆と渾然一体となり心身を尽くしてハンプリ（恨を晴らすこと）をし、彼らを恨みから、憎しみから、悲しみから解放させます。その雰囲気は図式化された既成教会の礼拝とは比べものになりません。私はここからもう一つの生きた教会のモデルを見ます。（二章四節）イエスはいわば「恨の司祭」としてのキリストではなかったでしょうか。恨に満ちた人々を解放させる役割を巫堂がしてきたなら、その意味からもイエスも巫堂であると言えるのではないでしょうか。（三章二節）（安炳茂『民衆神学語り』一九八八年、邦訳『民衆神学を語る』）

歴史的にキリスト教会の指導者と巫堂（シャーマン）は、在地において教勢を張り合う敵対関係にあったのだが、ここでは発想の大転換が行われている。いわば韓国キリスト教が「主体的」に土着化したものである。そしてこれは同時に韓国キリスト教が、本家本元の西欧キリスト教（つまり宗主である中華の対象）に精神的に勝利してしまう「小中華」段階のキリスト教でもある。安師は巫覡を呼んで催された出身村の祭の共同会食から、新たなキリスト者の共同体をつぎのように発想するのである。

初代教会の指導層が飯をともに分けて食べる晩餐を聖餐(サクラメント)化してしまったことは大きな間違いでした。その結果、食膳共同体は破壊されて、宗教儀式のみが残りました。宗教儀式、すなわちイエスの血と体を分かちあうという宗教儀式だけが残り、分かちあい―食う―満腹―家族(食口=シック)となる道は諦められ、顧みられなくなりました。食膳共同体というのは、パウロのいう「キリストの体」、社会学的にいう有機的共同体の具体像です。(三章三節)

読者はこの安師の唱道されるキリスト者の「食膳共同体」という「有機的共同体」が、第二章で述べた北朝鮮の「社会政治的生命体」という「有機的共同体」に、その発想において限りなく近いと気づかれたことと思われる。よそから入ってきた「理」を土着の新解釈で撃つのである。

安師はつづけて言う。

「韓国人は、有機的な共同体とはともに飯を食うことと、不可分の関係にあると考えています」。

「家族を食口と呼んでいた韓国の人々こそ、イエスをもっともよく理解しうる民ではないかと思う」。

「『ウリ』は個人の複数ではなく運命共同体を意味します」。

「ウリの中にいる者は、共同の運命を持っているという意味です」。

「私有化が神の名によって正当化されました。これは食膳共同体を破壊する第一の敵です」。(三章三節)

と、最後は資本主義の根幹、私有財産制まで否定してしまうのである。

キーワードは「ウリ」である。ウリは本来気の世界で腹一杯飲み食いし、駘蕩と楽しみたいのである。ところがこれは階序的に上層から排除され、抑圧されている。その不満が積もるが、上層の独占する理の世界の教理にさらに呪縛され、上位者に責任を押し付けることができない。こうしてハンがたまる。このハンを解くには宗教的指導者によるハン・プリが必要である。宗教的指導者は理の世界の教理を土着化させる。このとき宗教的指導者はウリ、イコール気の世界の人々の有機的結合体という新たな論理を持ち出す。その根拠は民族でも、血縁でも、食口でも、連合体を意味するものならば何でもかまわない。あらたな理をみつけたウリは上層階級の独占するかつての理の「事大性」を攻撃する。このようにして理は気の世界で土着化し、「主体」化し、磨かれ、従来の理の事大性を攻撃するためにさらに「小中華」化するのである。「小中華」化した新たな理は、その外来思想の朝鮮における無力化を、そのまま御本家の異端化にすりかえる。こうして御本家に対する優越性を確保し、ハンを解き、「精神的勝利」を我が物（ウリ・コッ）とする。

戦略的に考えればこうなるであろうか。この戦略が韓国で功を奏するにはウリの正当性の根拠が問題である。資本主義社会の分配消費に対する「無理解」が進行する限り、共同会食はすたれ、「食膳共同体」は根拠を失うだろう。この論理には伝統的な「気の世界」の貧しさが必要なのである。韓国では、私有財産制が共同会食を切り崩す前に、豊かさが共同会食を無意味なものにしつつある。

貧しさが思想の保証だった時代は、韓国では現在進行形で終わりつつある。しかしこれは南北統一という一大事がおこれば、また別の話になるであろうが。

次に節をかえ、北朝鮮が現在盛んに民衆教化を行っている、「ウリ式社会主義」という、以上の「ウリ」に一脈通じる大衆教化について見ていこう。

三、「ウリ式社会主義」と恨（ハン）

ウリのハン・プリ戦略

さて「ウリ」とは一体なんであろうか。それは「自分」中心に血の薄くなるにしたがって外縁へと拡大して行く「我々」であり、外来の「理論」により自己を正当化し、「道徳志向性」をもって「ナム」（他者）を撃つ、他細胞に対する防御単位である。

もちろん「これが私の息子です（ウリ・アドゥル・イムニダ）」などと言うときの「ウリ」にこれだけの内包があったならば、たちまち喧嘩になってしまうであろうから、これはあくまでも「理の世界」の姿からみた「ウリ」である。

逆に「気の世界」から見た「ウリ」の姿は、はるかに穏やかである。みなで一緒に食べ、分かちあい、互いの困難を分担し、人情にあふれ、「自分」は消失に向い、ナム（他者）との境は消えかかる。つまりサラム（人）である。

前者の自分の心情を朝鮮語で「欲心」(ヨクシム)といい、後者の自分の心情を「良心」(南ではヤンシム、北ではリャンシム)という。

以上の極端から極端の理念型の間に無数の中間段階がある。極端を規定しているものは何かといえば、なんと言うことはない。外来と土着である。ただこの両者間の溝があまりに深すぎるので両者の歩み寄りは、「事大」や「主体」にしかならないのである。結局本当の他者である「客体」はいつも見えない。

韓国で公式の接待料理を振舞われたことがおありだろうか。これは大体外来の中華料理のオードブルである。淡泊でまったく辛くない。韓国人と裏町の飯屋で一つ釜の飯を食べたことがおありだろうか。牛の血豆腐、牛の糞袋炒め、牛の膝頭スープ、これは本当にうまいのである。ただし死ぬほど辛い。ウリは外来では気どり、土着では野卑になる。その中間段階として、日本人旅行客によく振舞われる焼肉や、カルビ、しゃぶしゃぶ(韓国でこれをジンギスカンという)などがあると思えばよいだろう。

本来気の世界の「ウリ」が理を掲げようとすると、ウリの共同会食は「食膳共同体」とか「運命共同体」とか、「有機的結合体」とか、自分にふさわしくない幻想を鎧う。そして胡散くさくなる。しかし上位の理の世界に抑圧され、その「道徳」に呪縛されていたハンを解くには、自らを階序型秩序の上位、あるいは中心にとにかく観念的にも引き上げて

「小中華」化し、ハンの責任をナムのせいにして投げ返さねばならないのである。

料理の例でいえば、接待用の中華料理などは「正しい」料理ではない。こんなものを貴ぶのは事大である。本当の正しい主体的な「小中華」料理はウリたちが仲睦まじく楽しめる朝鮮料理である。同胞たちよ恨を解け、とでもいうようなものであろうか。とにかくこれがハン・プリの奥義であった。

思想界でいえば、韓国では民衆神学や統一神学などの先鋭的なキリスト教学派が、このようなハン・プリをかなり意識的に教義として活動している。他には運動圏の活動家や学生に同じような傾向がみられるが、ナムとの「有機的結合」が確信できず、独りでハン・プリし、祖国や民族などのより大きな幻想に合体し永生しようとする「英雄主義」が勝っているので、自殺という痛ましい方向性を生みがちなようである。

韓国と異なり、北朝鮮では金日成首領という核が確信でき、また社会もより画一的（独裁的）であるため、以上のような「ウリのハン・プリ」は国家的規模で行われている。典型的なそれを、我々は一九九一年五月五日の金正日書記の談話「人民大衆中心のウリ式社会主義は必勝不敗である」（『労働新聞』同年、五月二七日付）に見ることができる。

時代背景として、この後、同年一二月二一日にウクライナが国民投票で独立を確認し、ロシア・ウクライナ・ベラルーシの三国が「独立国家共同体」（CIS）を結成し、一二月中にバルト三国・グルジアを除く共和国がこれに参加して、ゴルバチョフがソ連大統領を辞任、社会主義大国ソ連邦は名実ともに解体するのであるから、北朝鮮の動きは、ソ連邦崩壊の予兆から社会主義の「東の堡塁」(最近の北朝鮮の自己表現)を護るという防御の意味もあったであろうし、ソ連の影響力から完全に解き放たれたという「小中華」の解放感もあったのであろう。

とにかくこの時点で、北朝鮮は「ウリ式社会主義」なる奇妙な社会主義論を打ち出してきた。朝鮮語で「ウリ・シク・サフェチューイ」というのだが、この「ウリ」を「我々」と訳したのでは何が何だか分からなくなってしまう。「朝鮮式社会主義」というのも舌足らずである。これは是非とも「ウリ式社会主義」と言わねばならぬ。なぜなら、この「ウリ」は本節でいままで語ってきた、あの「ウリ」だからである。

金正日のハン・プリ

まず「運命共同体」から始めよう。金正日いわく、

「社会が一つの社会政治的生命体をなし、人々が互いに助け合い導き合いながら生きる社会主義社会では国家が全ての成員の生活に対して責任を負います」。

「面倒を見てくれることは資本主義社会に比べ、社会主義社会の本質的優越性の一つです。資本主義社会では人々の生活は個々人の事として自然発生的になされており、ブルジョワ国家は人々が飢えて死のうが構ってくれません」。（前掲新聞）

「社会政治的生命体」というのは既に二章で述べた、金日成首領が脳髄、党が中枢、人民が肉体で三者一体となった「有機体国家」論である。ここではみんなが助け合い導き合い、面倒を見る。飢えて死のうが知ったことじゃないという冷酷な「ブルジョワ国家」に優越しているのである。

「小国が革命と建設を自分の力で成し遂げるのはたやすいことではありません。とくに我が国のように、帝国主義の強敵と先鋭に対峙し、朽ちた社会と先行時代からの落後と貧困、破壊された経済しか受け継ぐもののなかった空き地の上に、自分の力で社会主義を建設する途上は困難なものでした」。

この小国の落後性、帝国主義者からの抑圧、搾取、そのハンを金正日は「社会政治的生命体」の優越性をもってハン・プリするのである。そしてウリは社会政治的生命体の父である首領から「糧食」をいただいて分かち合おうではないか、ということになる。

「党と勤労者は政治組織生活を通じ、首領の革命思想を政治的糧食として摂取し、組織と同志たちの帮助のもとに自分を鍛錬して行くのです」。

「わが国に人民大衆中心のウリ式の優越した社会主義が建設されたことは、人民を限りなく愛され、人民のため生涯を捧げられた偉大な首領さまの不眠不休の精力的活動と賢明なる領導の輝かしい結実であります」。

「人民の念願を輝かしく実現して下さったことにより、我が人民は首領さまを慈父として限りなく尊敬し、高く仰ぎ奉り、首領さまに忠誠と孝誠を尽くすのです」。

「政治的糧食」をいただく父なる首領さまに、忠誠を尽し、孝行しよう。父なる首領さまがウリ式社会主義を私たちに下さったのである。しかしその恩義に報いぬ悪い姦臣がいる。姦臣たちは勢道(李朝後期の安東金氏や豊壌趙氏の外戚権勢政治)のように権勢をふるおうとする。

「勢道と官僚主義は職権を悪用して権勢をふるい、人民大衆の意思と利益に背馳するように行動する古い事業方法と作風です」。
「幹部たちは高い人間性と人情味を持ち、全ての人々に温かく対さねばならず、彼らの人格を尊重しなければなりません」。

ぼくらは一つの運命共同体、生命体のなかで仲睦まじく暮らすのである。幹部たちは「人情味」をもって人民大衆に接しなければならない。「ウリ」式社会主義とは、「人情味」の社会主義なのである。

仁徳政治とハン・プリ外交

このようにして金正日は懸命にハン・プリし、永遠の生命体国家の優越性を高らかに謳いあげる。しかしこの教化がどれほど民衆に効果があるのかは分からない。いくら「政治的糧食」を食べよといわれても、現実に飢餓地獄になれば（もちろん現在そうなってはいないが）、この一緒に食べようの団欒の社会主義大家族は根拠を失いかねないのである。

そこで今度は「仁徳政治が実施される社会主義万歳」というスン・ヂェスン論文が党機関紙『労働新聞』（一九九三年一月二八日付）に載った。「仁徳政治」で腹へりのハンが解けるだろうか。

我が人民は無償に異ならない安値で食糧の供給を受けていることをはじめとし、衣食住に必要な全ての条件と無料教育、無償治療の恩沢を受け、税金という言葉さえ知らずに幸せな生活を享受している。……

敬愛する首領さまは回顧録『世紀と共に』で、金なしで生きて行けても、仁徳なくしては生きて行けないということが、祖父の代から引き継ぐ家庭の哲学でもあるとおっしゃった。……

文武忠孝を兼備なさる親愛なる指導者金正日同志は、人民に対する崇高な愛を身に着けられ、我々人民のための最も立派な仁徳の政治を施していらっしゃるのだ。……

偉大な領導者が施す最も立派な仁徳の政治が実施されているので、今日人民大衆中心のウリ式社会主義は不敗の威力を発揮している。

「小中華」思想でウリの優越を謳い、ハン・プリするのだが、上位者の握る知・飯・力を奪えなければ、結局幻想は飯に代わる「仁徳」を、力に代わる「愛と信心」を与えねばならなくなるのである。

最近、日朝国交正常化交渉は一九九〇年一一月、一二月に北京で三度にわたって予備交渉が行われ、その後九二年一一月まで、計八回にわたる本会議が行われ決裂した。畏友鐸木昌之によれば、北朝鮮側があくまでも固執したのは歴史上の加害者日本に対する恨（ハン）であり、この会議で彼らは終始恨解き（ハン・プリ）を行おうとしていたというのである。鐸木は第一回本会議における田仁徹北朝鮮政府代表団長の言葉、「加害者の誠意にもとづいてしかるべき程度に補償することにより、被害者が納得して恨みを解き、和睦の方向に向かうようにすること」を引き、「この「恨み」は原文では「恨（ハン）」であ」り、「物質的裏付けを伴う日本の誠意を示すことで北朝鮮は民族の「恨」を解」こうとしていた、というのである（「北朝鮮の対日政策」『ポスト冷戦の朝鮮半島』一九九四年、所収）。

ウリとハンの関わりはかように根深く、それは李朝時代の約五百年間、近現代の約九十年間を通じて今日も朝鮮民族の魂の根幹を揺さぶり続けているのである。

第六章❖「事大」と「小中華」

韓国の両班の伝統家屋（撮影＝藤本巧）

一、日本侮蔑と事大主義

我が国は東方礼儀の国

筆者の専門は朝鮮思想史なので、李氏朝鮮王朝の公的記録である『李朝実録』などを日々読んでいる。読んでいてつくづくと感じるのは、朝鮮民族の精神の底に流れるある種の「率直さ」である。まず中国の記録のように白髪三千丈的な誇張がまるでない。こまごまとした問題が起こるたびに、困った困ったと頭を抱える王と儒臣の姿がありありと浮かんでくるのである。

また実録の記録者も大変感情的である。自分の党派の人物はあくまでも筆でかばい、敵の党派の人物を描くときには実に容赦がない。たとえば『粛宗実録』などがそれで、ここでは尹鑴《いんせん》という大官が遺体暴きとして登場する。彼は、民衆の分を越えた副葬品を摘発するため役人を送り込み、棺の蓋をこじ開けさせた。怨嗟の声が巷に満ちたとある。しかし記録者の筆は、その尹鑴の反対党の宋時烈には実に同情的なのである。なぜかといえば、記録者が宋時烈とおなじ老論派という派閥に属しているからである。筆者はそのような記録を読むたびに、朝鮮民族の現代まで続く、ある種の「率直さ」「正直さ」を感じてしまうのである。

中国に対する記述も実に率直である。一四〇八年の一例を挙げれば次のようなものがある。中国に事大（大国につかえる）の礼をとる国は、毎年中国に朝貢使という御機嫌伺いの使節を送る。ところがその朝鮮の朝貢使が禁令の布物を密貿易しようとしたところ、奉天で中国役人に捕まってしまったのである。宮廷は大騒ぎになり、王は次のように臣下たちに厳重注意を呼びかけた。

事大の礼儀は謹まなければならない。……我が国は東方礼儀の国である。ここで汚辱の名を受けたならば、上国に侮られることになる。どうして心を痛めずにおられようか。（「事大之礼不可不謹。……以我東方礼儀之国、得此汚辱之名、為上国之所侮、寧不為之痛心也」『太宗実録』巻一五、八年三月戊午条）

ここで注意したいのは、朝鮮の中国に対する事大意識というものが、中国の強大な武力を恐れるとか、その経済力を恐れるといったような現実的な力に対するものではなかったということである。もちろんそのような要素も皆無とはいえないが、その重要な部分はもっとナイーブなものである。

中華文明の師であり、上国である中国に侮辱されたくない。自分たちは、出身は東方の野蛮国ではあるが、中華の礼儀を身につけ、東方礼儀の国と呼ばれるようになった。そのように漢族から常に賞賛されたいというプライドの問題なのである。我々が日本語の語感そのままの「事大」と思うと大きな間違いになる。

それは宗主国の文化に対する強烈な憧れとコンプレクスの産物なのである。つぎのように張維（一五七八年〜一六三六年）がそれを代弁してくれる。

中国の学術は多岐にわたり、儒学もあれば禅学もあり、丹学もある。程朱（程子と朱子）を学ぶものも陸象山を学ぶものもいる。その入口も道も一つではない。我が国では知識の多寡をとわず、本をたばさんで読書し、みな程朱をとなえる。他の学問があるなぞとは聞いたことがない。我が国の士大夫（文人）ははたして中国より賢いだろうか。否である。中国には学者がいるが、我が国にはいない。中国の人材は志がすこぶる並ではない。志のある士大夫であれば心から学問に向かい、好むところによって学問も同じではない。そこで各々が往々にして得るものがある。我が国はそうでない。あくせくとして縛られ、みな志気がない。ただ程朱の世に重んじられているところを喋り、外づらでこれを尊んでいるだけだ。いわゆる雑学者もいないのに、儒学をきわめた者がいるわけがない。たとえて言えば、墾地に種をまけば良いものも生えるし実もなる。その後で五穀と犬びえを分けることもできるのだ。茫然と赤土の地にまいたのでは、どれが五穀か犬びえかわからない。（張維『谿谷漫筆』巻一）

このコンプレクスを解消するため朝鮮民族が選んだ道は、すでに第三章の「儒教の社会改造と宗族」の項で述べた中華の礼教を激しくも暴力的に教化し、実践する道であった。『朱子家礼』そのままに葬礼、喪礼、祭祀などを実践し、そして族譜をつくり、宗族を固め、再婚女を拷問し、不葬者を斬り殺し、喪に服さぬ者を百叩きにして、中国に胸を張って「東方礼儀の国」を自称したのである。

プライドの肥大化

胸を張った記述はすでに一四四六年頃から見られる。

今中国の風俗を聞くところによると、父母の喪にあっても数日を過ぎずに飲酒肉食し、笑い語らって宴会を楽しむことは平素に異ならないとのことである。衆論はおそれず、朝政はこれを罪としない。……（我が国では）大明律を天下に頒布し、永遠に遵守させ、百官に熟読させて大明律の意味を明らかに講じさせなければならない。……忘哀（死者を哀しむことを忘れる）の罪は、各々大明律に照らし合わせて処断し、後には官職を与えないようにし、もって礼に薄い風俗を懲らしめよ。（『世宗実録』巻一一二、二八年六月辛卯条）

中国に対するコンプレクスと、中国より中華の礼儀を守っているというプライドが同時並行的に生じていることに注意したい。そしてやがて、こちらのプライドの方がどんどんと肥大化して行くのである。

一六世紀の後半には、プライドはすでに頂点近くにさしかかっていた。

一五七九年、明国の万暦帝の誕生祝いに北京に遣わされた許篈（一五五一年〜一五八八年）という儒者の日記では、王陽明の「邪説が横行」する中国は「禽獣が人に近づいた」国であり、中華のインテリたちは「頑固で賤しい」人々として描かれた（『荷谷先生朝天記』巻三）。

朱子の「正しい」学を奉じ、中華の「正しい」礼を実践する朝鮮は、この時点で中国よりも「中華」らしい自らを誇り高く示しているのである。

次の例は、自分たちはこれほど中華の礼儀の優等生なのに、どうして琉球より序列が下なのかと憤る尹昕《いんきん》（一五六四年〜一六三八年）の一文である。

中国の王朝の朝賀の席では、千官が朝服（朝賀の礼服、紅の衣に金冠を戴く）を着る。独り我が国の使臣だけが黒団領（黒の丸首の衣）で朝賀の列に従う。（中国は朝鮮に）朝服を着ることを許さない。ある人は言う。これはきっと夷礼（野蛮人の礼儀）によって、あしらおうとしているためだと。王城にはいるときも、また（朝鮮人が）かごに乗ることを許さない。琉球（現、沖縄）の使臣は皆かごに乗って入る。独り我が国の使臣だけに許さない、その理由が分からない。（尹昕『渓陰漫筆』巻三）

プライドを傷つけられた朝鮮儒臣たちの嘆きが聞こえて来るようではないか。

それにもまして我々の注意を喚起するのは、その序列意識の激しさである。琉球より自分たちは下に見られている。中国は自分たちを、琉球より下の野蛮人としてあしらっているのだ……と。疼くような民族序列意識ではないか。

このような人々が日本に来て見聞録を書くとどのようになるか。つぎのように倭族の「蛮風」をまったく見下すのである。

日本は野蛮国なり

以下は、文化交流のためにやって来た日本使節と言われている、江戸時代の朝鮮通信使たちの見聞録による。

○「倭言にいうカンムリは、いわゆる最上者の冠である。その形は盛り炭の容器のようだ。倭言のオリエボシは、いわゆる折烏帽で第二位である。その形は丁字のようだ。倭言のエボシは、いわゆる烏帽であり、その次の位である。奇々怪々で、殆ど見るに忍びない」。（第二回使節従事官、李景稷『扶桑録』）

○「君父の喪に挙哀（大声で哭くこと）の節なし。親の死に至っても少しも哀しむ心がない。（そのときの）衣服飲食も普通の人とかわらない」。（第三回使節副使、姜弘重『東槎録』）

○「男子はみな半幅の青布でへそから下を被っている。はなはだしいのになると隠さない」。（第四回副使、金世濂『金東溟海槎録見聞雑記』）

○「貴賤なく皆草履をはいている。形は平履の制のごときである。前部に一本の縄があって、そこに足指を掛けて挟んで歩く。その形はひどく奇怪である。足袋は蛇の舌のようである」。（第六回使節従事官、南龍翼『扶桑録』）

○「淫穢の行いはすなわち禽獣と同じで、家々では必ず浴室を設けて男女がともに裸で入浴し、白昼からたがいに狎れあう」。（第九回使節製述官、申維翰『日本聞見雑録』）

きりがない。

そして次のように、この意識が現代にも残っているので、さらにきりがないのである。金聲翰「日本の旅」（一九八五年）より以下引用する。

私は子供の頃、昔話が好きで夜などひまな時には大人によくねだったものである。大人たちは数多い昔話の中で、ことに日本に関するものに至っては前置きを忘れなかった。「倭奴というのは下等な輩でなあ」……

もともと蛮人だから褌一つで跳ね回っていたのだが、ある日、その魁首がやって来て伺いを立てた。

「蛮人をやめて人間の仲間入りをしたいが、着物の作り方を教えてもらえまいか」

下等な者どもに、まともな着物を着せるわけには行かない。村中相談した揚句、喪服ならよかろう、と話がまとまった。……

ある日、魁首がまたやって来た。

「冠の作り方を教えてもらいたい」

教えるのも面倒なのでこの度は足袋（韓国の足袋、ポソンという）の片方だけを投げてやった。

「この通り作って被るがよい」

それで倭奴たちは朝鮮の足袋をまねて作ったのを逆さに頭に戴っけて歩き回るようになった。それが烏帽子である。（『日韓ソウルの友情』一九八五年、所収）

話の基本は次の二点である。まず第一に倭（日本）人というのは、中国の衣冠（衣装とかんむり）に従わなかった野蛮人であった。衣冠というのは儒教の礼教の重大事であるから、つまり礼儀知らずということになる。李朝の儒者たちが中国に野蛮人といわれるのが厭さにいかに衣冠にこだわったかは、すでに対琉球コンプレクスのところで見たとおりである。第二に、その衣冠、つまり礼儀を朝鮮が日本に教えてやった。しかしそれを「正しく」使用する能力を欠いていたので、異様な有様となった。それが今日の倭の習俗である、ということになる。

かように朝鮮民族の日本民族に対する侮蔑は歴史上根深いものであることを、われわれはどんなに厭でもはっきりと押さえて置かねばなるまい。

朱子の息子たち

倭というと我々日本人にとっては、古代の海原を船を駆って押し進む勇躍たる祖先のイメージが脳裏に踊るかも知れない。しかし東アジアの伝統的な華夷秩序では、中華(世界の真ん中に華咲く中国)を取り巻く夷(野蛮人国)のなかの最下層に属している。と、中国人や朝鮮人には観念されていた。なぜならば倭は中国の衣冠に従わず、ふんどしや弁髪をしている。日本のちょんまげというのは彼らの目からみれば女真族のポニーテイルを前に放り投げたようにしか見えない。服は袖広の喪服、烏帽子はひっくり返った足袋であった。ここでむっとされた方は危ない。このような面白い話はどうか楽しんでいただきたいものである。

ともかく、倭とは東アジアの歴史ではそのような存在であった。

朝鮮はそうではなかった。地理的に中国に近い分だけ、華夷秩序に呪縛され、コンプレクスをまともに受け取ってしまった。このコンプレクスを払拭するため朝鮮民族は中華の礼儀をそのままに実践し、朱子の息子となるためにひたすら努力したのである。

朝鮮の大儒李《り》栗谷《りっこく》（一五三六年〜一五八四年）は金剛山で出会った僧侶にこう言った。

「仏教は夷狄の教えである。中国に施してはならない」。（『栗谷全書』巻一詩上、楓岳贈小庵老僧）

彼の立っている地は中国ではない。朝鮮である。しかし彼はすでに自らの頭の中の中華世界に生きていた。このように自己の精神を大国の精神に合致させ、あたかも大国人のように振舞う朝鮮民族の歴史的個性を、朝鮮思想史では「事大主義」と呼んでいるのである。

彼の孫弟子の宋時烈（一六〇七年〜一六八九年）にはさらにすさまじいものがある。眼病を患うと、朱子と同じ病で光栄だといい、痔疾《じしつ》を朱子が門人に与えた処方で治そうとした。このような儒者は我が国にもいなくはない。山崎闇斎《やまざきあんさい》がそれで、彼は朱子の脚疾をまねて足をひいて歩いたといわれる。しかし山崎は権力者ではなかった。宋時烈は権力者である。彼が次のように陳情するとそれが政策として直ちに実行に移された。

険悪な時代を経て、風俗が次第に変わってしまった。その父母が死んでも恬として哭泣することを知らない。遺体を収めない者や、或は飲酒肉食するものがいる。朝廷よりこれを明らかに諭し、村々に示して、未葬者はこれを葬らせ、喪に服さないものは服させ、それでもさらに葬儀をしない者や喪に服さず飲酒肉食するものは厳しく刑を行い、恐れるべきを教えてやり、人倫を明らかにしなければならない。飢饉に人心は溺れ、天理を失い、この極みにいたってしまった。誠に寒心すべきことである。一にこの陳情に依り、各道に知らせ、着実に挙行せよ。王はこれに従った。(『顕宗実録』巻二〇、一三年正月庚戌条)

このようにして朝鮮民族は中国以上に、中華の礼、具体的には朱子の定めた礼教を果敢に実践し、李朝時代に一大社会改造を行ってしまったのである。

この過程でコンプレクスにやや遅れながらも、ほぼ並行してプライドが生じてきた。中国よりも中華の礼の行われる東方の礼儀の国という誇りである。この誇りは同時に、中国の礼儀の実践度合により、彼らに民族序列意識を生ぜしめた。琉球より朝鮮の方が礼儀が実践されているのになぜ朝鮮は下位に扱われるのかと憤り、中国の礼儀の行われていない日本を蛮族の地と卑しみ蔑んだのである。こうして「上国」へのコンプレクスと「下位国」への優越感が、彼らを足の届くことのない天空につりあげたのであった。

二、小中華思想と楽天主義

野蛮人に礼儀・道徳で勝つ

筆者は韓国に来たての頃、ある韓国人からこう問われたことがある。

「韓国に何をしにいらしたのですか」。

筆者は正直に答えた。

「勉強しにきたのです」。

すると彼はさも訝しげにこう語った。

「信じられませんね。あなたのおっしゃることは、韓国人がインドネシアへ勉強に行くといっているようなものなのですよ。そんなことがあり得るでしょうか。とても信じられませんね」。

筆者は彼に感謝しなければならなかったのかも知れない。彼は日本を韓国より上国と考えていてくれたわけであるから。インドネシア人が聞いたらきっと怒るだろう。

さて、一七世紀にもどろう。一七世紀まで華夷コンプレクスから脱しようと懸命な努力を続けていた前項の朝鮮「事大主義者」たちにある好運がおとずれた。まずそれは野蛮国・倭（具体的には島津藩）による琉球征服であった。これで朝鮮は琉球を抜いて夷狄のトップに躍りでた。と、観念された。

続く僥倖は中国（明）自体が夷狄の末端であった女真族に征服され、清朝になってしまったことであった。彼らは以後胸を張って、儒礼の伝統、つまりは大明国の中華文明の伝統を受け継ぐものは、すなわち朝鮮国である、エッヘンといえるようになったのである。これを当時の文献に見られる「小中華」という言葉を用い、朝鮮思想史では「小中華思想」と呼ぶ。

大明太祖高皇帝にあらためて国号をたまわり、朝鮮という。都を漢陽（現ソウル）に定め、聖子の神孫が代々受け継ぎ、光明を重ねて太平の世を続け、もって今日に至った。実に万世に限りないよろこびである。ああ、我が国は海の辺隅にあり、国土は狭小ではあるが、礼教・音楽・法律・制度、衣冠（身分秩序）・文物（文化の産物）、ことごとく中国の制度にしたがい、人倫は上層ではあかるく、教化は下のものに行われた。風俗の美は中華をひとしくなぞっている。

華人（中国人）はこれを称して小中華という。これがどうして、箕子（殷の紂王の叔父で、逃れて朝鮮王になったという伝説がある――筆者）の遺し置いた感化でないことがあろうか。ああ、なんじ小子よ、それをよく感じとり奮起すべきであろう。（『童蒙先習』総論末尾、一六九九年本、粛宗王序・宋時烈跋文）

中国に対するコンプレクスと、中国以上に中華の礼儀を実践しているというプライドが、すでに一五世紀から並行して起こってきていることは前項で述べた。今度は明国の滅亡により、中華の文物を担う漢民族が歴史の表舞台から去り、かわって朝鮮人の蔑視する「野蛮人」の女真族が中国に清朝を開いた。朝鮮人は、この「野蛮人」に臣従を誓わざるを得なかった。

女真族は明国を滅ぼす前に、財源としての高麗人参と兵員としての朝鮮人を手に入れるため、一六二七年に朝鮮に侵入、さらに一六三六年には臣従を要求して再度侵入した。そしてこの二度の戦いで朝鮮は完膚なきまでに叩きのめされたのであった。

しかしまたもや朝鮮民族は精神的に勝利した。自分たちこそ、今はなき大明国の文化を背負う後裔なのだと自称したのである。次に挙げる例は、辺境の朝鮮に中華文明が華開いたことを高らかに謳う。先ほどの『童蒙先習』の跋文を書いた宋時烈のものである。

我が国は東夷とはいうが、高麗の時朱子がこれを『語類』の中でほめて「高麗の風俗はよろしい」と言っている。高麗の世では野蛮な風俗がまだあらたまらなかったが、それは南、西、北方の諸国のことであり、東の（我が国の）方には文化がだんだんと及んでいた。ここにおいて、高麗の末より鄭圃隠先生（鄭夢周のこと。李氏の王朝簒奪に反対した一派の長であったため、李成桂の第五子の放った刺客により暗殺された）が出て道統はさかんになり、幽谷を出て喬木にうつる（『詩経』の引用）ように高まり、礼儀をもって旧俗を変えた。先生はまた朱子の書を中国から得て、これを国中に教えられたので、以後、世に道は大にそして学は明らかになった。ひそかに聞くところによると、中国の人々は皆陸象山の学をむねとし、我が国だけが朱子の学をむねとしているという。周の国の礼が辺境の魯で孔子によって行われたように、我が国で行われていると言うべきだろうか。（『宋子大全』巻一三一、雑録。丸がっこ内は筆者註）

中国の辺境に住むコンプレクスの塊であった朱子の魂が、そのまま中国の辺境である朝鮮民族のコンプレクスへと、琴をかき鳴らすように共鳴してゆく。明国、今はなき後、朱子の道統を受け継ぎ、中華の礼を護るのは朝鮮であると、彼らは声を絞り叫ぶのである。

小国の現実と大国のごとき楽観

この宋時烈が「野蛮人」の清をいかに憎んでいたか。宋の門人は次のように語る。

清愼春（金尚憲・金集・宋浚吉）の諸先生は、みな大明国の復讐を大義としていたが、尤菴（宋時烈）はさらに一節を加え、春秋の大義をもって夷狄は中国に入ることはできず、禽獣は人類に仲間入りできないことを第一義とし、明のための復讐は第二義とした。

（『宋子大全』付録巻一九、記述）

これは実は明への大義をうたい、征清の志をほのめかしたものである。実際には反対派の金自点が、王の登用した新人たちに征清の意図があると清国に誣告したとき、宋時烈は難を避けて一時故郷に戻っていた。

ここでより重要なことは、朝鮮儒臣たちの現実世界と精神世界が以来完全に遊離してしまったことである。現実世界としては「禽獣」と侮蔑する女真族の家来にならなければならない、小国としての現実がある。ところが精神世界の方は、頭のなかで明への事大の礼を奉じて清を成敗し、漢族の文化を受け継ぐ大国のごとき夢を描いたのである。

かくして明の滅亡と清の興起により、ここに朝鮮儒者たちの明の正統性を受け継ぐための奪権党争と、精神的勝利によるひそかなプライド（それは多分によじれたものであるが）の醸成が始まるのである。

宋時烈先生の道統を継ぐ韓元震（一六八二年〜一七五一年）などは、なかなかの「小中華思想」を展開しているので次に紹介しよう。彼の四〇歳のときのエッセイである。

我が国は東の辺境にあり、わずかに中国の一州より大きい。風気の寒熱、土地の産むところのものは皆四方の異なった点を兼ね備えている。中国に比べれば少々足りないが完璧に近く、王業が北から興って南に向かったのも中国と同じである。風俗の美、人才の出、礼楽文物の盛ん、道学儒術の興り、また中国に等しい。西、南、北の諸国の得られるところではない。なぜだろうか。ひそかに考えてみたのだが、「元」は四徳の始めである。ゆえに一事で四事を包括する。「木」は五行の始めである。ゆえに一気で五気を包む。「東」は四方の始めである。（我が国は）徳において「元」に属し、行において「木」に属する。ゆえにまた一方で四方の気を兼ね備えているのだろうか。そうだとすれば、天の生むところ、地の養うところは独り東方にのみ厚いと言うべきだろう。人が

聖人賢人となり、治世太平もみな難しくはない。（『南塘先生文集』巻三八、雑識、外篇下）

何と幸せな楽天主義でないだろうか。現代の韓国人や北朝鮮人もそうであるが、自分のうれしい感情を理屈で説明している。

実はこの楽天主義を紹介したく、この文を引用したのである。「小中華意識」の背後にあるもの。それは精神的勝利により生じたプライドが保証する、限りない安心感、楽天主義なのである。小国の現実と大国のごとき楽観の分離、現実世界と精神世界の遊離、これこそ朝鮮民族が中世に手にいれた最大の勝利である。

これが国家規模で顕現している例を、我々は現在の北朝鮮に見いだすことができる。なぜならば北朝鮮の「主体思想」とは、北朝鮮が建国の際に全面憑依し、純粋に実践し、果敢に社会改造を行った、その理論的主柱であったソ連製スターリニズムの「小中華」段階であると解釈することができるからである。金正日はつぎのように言う。

全人民が党と首領のまわりに鉄のように団結し、信心と楽観にあふれて、闘争し生活しているところに、我が国の社会主義の強固さと不敗性の源泉があり、いかなる風波、試練もくぐりぬけ、主体革命偉業を最後まで完成させることのできる確固たる保証があるのです。……

我が国には資本主義社会のように人々を堕落させ、精神的肉体的不具者にする非倫背徳と社会悪がありません。今日我が人民のなかには互いに尊重し合い、協力し、喜びも哀しみもともに分け合い、高尚なる社会主義道徳が普遍化されており、健全なる社会生活様式が全社会を確固として支配しています。真に今日の我が国では、家庭と職場、そのいずこでも革命的ロマンがあふれており、我々の主体的革命芸術は人民のなかで、民族的プライドと自負心を高め、思想精神生活を健全にし、彼らを革命闘争と創造的労働へと呼び起こす威力ある手段になっています。(金正日『社会主義建設の歴史的教訓と我が党の総路線』、朝鮮労働党中央委員会責任幹部たちと行った談話、一九九二年一月三日)

全世界的に社会主義国家が次々に崩壊した今日、北朝鮮は社会主義の正統性を護持すべく「小中華思想」で外界から身を鎧い、内側には「楽天主義」という夢の糧をふりまいているのである。

三、戦略としての「小中華」

朝鮮の攘夷思想

近代の幕開けに、日本が東アジアの人々の憎悪の対象とならざるを得なかったのは、華夷秩序というそれまでの安定的なシステムを日本が粉々に打ち砕いてしまったということに原因がある。これはこのシステムに安住していた人々には許し難いことであった。こうして朝鮮では「衛正斥邪《えいせいせきじゃ》」が攘夷思想となり、義兵運動というリアクションを生ぜしめたのであった。

衛正斥邪とは朝鮮朱子学を唯一正学、つまり「正しい」学とし、朱子の礼学以外はこれを邪学、「誤った」学として退けるものである。もともとは「小中華思想」から興ってくるのであるから「野蛮人」の清国の学問などもみな邪学である。邪学には李朝後期にこれにキリスト教や西洋の学が加わり、日本が来てからは日本の学も全部加わって朝鮮の攘夷の対象となった。

肝心なことは、ここで力点があるのは「邪学」の方ではなく、「正学」の方だということである。朱子学を奉じ、大明国の中華文明の継承者と自認された、「正しい」朝鮮の礼学ということである。

日朝修好条規締結の際、朝鮮の開国に反対し、我が言違えば我が首刈れよと、斧を持って禁門に伏し、「洋賊」化した倭の非を打ち鳴らした衛正斥邪の巨頭、崔益鉉《さいえきげん》（一八三三年～一九〇六年）の言に、

> 他日、中国で歴史を書くものはそれを大書し、某年某月西洋人が朝鮮に入り、その血で盟約したということでしょう。箕子の故国、大明国の東屏であり、太祖王以来中華の制をもって夷俗を変え、礼教を定めて楽をつくり、人倫を盛んにしてきた我が国が、一朝にして泰西の生臭い瘴気に没したということになります。（「持斧伏闕斥倭議疏」『勉菴集』）

とある、礼教すなわち礼学のことである。すでに二百年以上も前に滅亡して今は幻想としてしか存在しない大明国、その東の防御壁として朝鮮が礼学を護る。そのため在地両班に

より下人や農奴が広範に組織され、各地で日本に対する武装蜂起が生じた。一九世紀の末から二〇世紀の初頭にかけてである。

いわく、日本駆逐、親日開化派打倒、改革停止、旧制復帰である。

どこにも崩れそうになる李王朝を支えんとする王党派がいないことに注意しよう。

これは韓国の現政権にも共通して言えることなのだが、朝鮮の風土では実に「右翼」というものが生まれてこないのである。

なぜ生まれないのかといえば政権担当者そのものを支えるという発想がなく、体制教学つまり体制を支える自己の「正しさ」の理論の方を護ろうとするからなのである。政権担当者は、あくまでもよその宗族の李さん金さんであり、自分たちの、つまりウリの血筋とは何の関係もない。要するにウリを護ることに力点がある。その結果、ウリの正しさの根拠、ウリの正当性を護るために彼らは戦うのである。

韓国初代大統領・李承晩はこの典型であった。幼少期に儒教の学校である書堂に通い、朱子学の教理を体得し、科挙試験に落ちた経歴を持つ李承晩が「衛正斥邪」の落とし子であったことを次に示そう。日米開戦の一年前に出された李承晩の著作、『ジャパン・インサイド・アウト』(一九四一年)からの引用である。

朝鮮の国民は彼らの君主に満足していたし、また彼ら古来の王国はあらゆる犠牲を払っても平和な生を護る用意があったのだ。彼らは特に、一七世紀初葉に中国が征服された後の中国文明よりも、さらに発展した文明と称される東洋文明の頂上を謳歌していた。その頃の中国は、儒教の黄金時代だった唐文明の初期の影響を捨て、かわりにまげを切り弁髪するなど満洲文化を採択せざるを得なかった。そして北方の人々が着ていた重ねツルマギはそのような実例である。

他方朝鮮の人々は大きい丸い笠をかぶり、白いツルマギを重ねて着るなど、唐の古い習慣をそのまま温存し無事平穏であったのに、無知な西洋の遊興客どもは、朝鮮人にとっては過去の栄華の表象であるにもかかわらず、それを見て嘲弄し楽しんだのだった。

（第一三章）

これがキリスト教に改宗し、韓末の近代的西洋教育の学校、ミッション・スクール培材学堂に通った人物の言と信じられるだろうか。ここには野蛮な清国に優越する中華文明の継承者たる「小中華主義」者や、西洋に優越すると観念する「衛正斥邪」の士が顔を覗かせている。

明国なき今、華夷秩序のシステムの頂点を極めたと自認した朝鮮の「小中華主義」者たちが護ろうとしたウリの「正しさ」の根拠、これを日本が破壊したときに、日本は朝鮮において罪人の咎を背負ったのである。

倭族というナムへ

ふたたび李承晩いわく、

我が全男女同胞たちが教育のあるなしにかかわらず、みなが知り、我が子孫にまで知らしめなければならないことの一つは、我々が「アジア」の東方で四千年を経た頃、たとえ貊族（上古時代に現江原道地方にいた蛮族）の地であっても、檀君《だんくん》・箕子《きし》（神話伝説上の朝鮮族の始祖）と聖君・名王の教育と教化をうけて三綱五倫（君臣・父子・夫婦の三つの儒教の大綱と五つの倫理）を知り、これを護り伝えてきたため、礼儀の国という地名にあずかり、上古文明時代には隣の国の人々が我々のところに来て学び、我々を崇拝して生きてきたということである。日本が日本海中の三島倭人として離れて暮らしていた頃、我が文明と礼儀作法を学び、東洋の開化をこうむっていたのだが、現今に至り、自分たちが昔から文化的な人種であるとかこつけ自慢しても歴史上の事実を拒むことはできず、東洋の文明を「韓国」からもらったということを認めているのである。

「日本」は近世、世界の変動の鎮まった機会を捉えて、いわゆる西洋文明というものを吸収し、また一方西洋の兵器等と戦争上の軍略を学び、ついには「韓国」を占領した。また彼らいわく、檀君は自分たちの或る王と「兄弟」だとまで言い出す始末だった。(一九五七年一二月三〇日、第二講話「すべての同胞たちが三綱五倫を知り、護れ」『大統領李承晩博士儒教談話集』一九五八年刊行。丸がっこ内は筆者註)

野蛮な倭め、「小中華」の理を知らぬ不届き者め、という声が聞こえてきそうではないか。

先に述べたことを繰り返すが、伝統的な華夷秩序のなかでは倭(日本)や女真(清国)は最下層の「夷狄」であった。そしてそれらは華夷秩序の頂点に立った礼儀・道徳の雄、「小中華」の朝鮮に膝を屈しなければならないはずなのである。この道徳志向性は朴正熙の暗殺された年、一九七九年にもまだ残っていた。

満洲民族は一時その勢力が大いに栄え、中国大陸を征服し清国を建てた。しかし彼らは明確な伝統文化を持てなかった民族だったので、武力で中国大陸を征服しはしたが、文化的には中国文化に征服される結果となってしまった。……

我が国は世界でも稀にみる独特の文化を保有する単一民族国家である。これこそまさに我が民族文化の優秀性を証明する一例である。……

普通我々は、八・一五解放後に国を回復したのは単に第二次世界大戦で日本軍が連合軍に敗れたためだと考えやすい。もちろんそれが直接的な契機になったのだが、少し深く考えてみると、もし我々の文化が日帝治下三六年間に抹殺されてしまっていたならば、日本の敗戦後に果して我が民族がこの地に大韓民国を建てることができただろうか。我々の伝統文化を護り、発展させるということは即ち我々が日本民族や中国民族でない、韓国民族であることを自覚し、民族の主体性と自主独立を護ることになるのである。

（韓国文教部『中学校道徳、二』一九七九年）

しかし前よりは少し弱い。日本に対するストレートな優越感が失せ、日本に抹殺されなかったから優れているという消極的な理に変わってきている。

それでもウリは勝つ

高度経済成長、ソウル・オリンピックを経て、最近のウリの「理論」は次のように様変わりしている。

個人のなかに物事を成就させる動機が高い人と低い人がいるのと同様に、国にも成就の動機の高い国と低い国があり、その国の間では国家全体の業績が違うのである。……とくに最近では、我が国が成し遂げた驚くべき経済成長は、我が国が物事を成就させる動機の高いことを世界に立証している。（韓国文教部『中学校道徳、三』一九九〇年）

韓国人は確かに新しい自信を持ちはじめた。しかし「成就動機の低い国」の人々はきっと怒るであろうが……。

一方北朝鮮の方はどうかといえば、いまだ「小中華思想」真っ盛りである。

日本の荒唐無稽な建国神話によっても、やつらの国家起源年代は紀元前六六〇年をさらに越えることはできないが、我々（ウリ）の檀君《だんくん》神話や檀君に関する記録によれば、朝鮮の建国年代は紀元前二三〇〇年まで遡る。かくして日本の歴史が朝鮮より一六〇〇年以上も短いものとなり、したがって自ずから文化もその分だけ劣ったものとなる。
（「日帝の檀君抹殺策動」『民主朝鮮』一九九三年八月三一日付）

この建国始祖檀君を始点とする紀元は「檀君紀元」といい、韓国でも李承晩時代には盛んに使われていたが、今の韓国ではさすがにあまり見かけない。しかし韓国・北朝鮮両者とも、今の西暦にこの二三〇〇年（正確には二三三三年）をプラスして五千年の歴史とか半万年の歴史とかいうのである。もちろんこれでは中国古代の殷より古くなってしまうので、筆者の友人の中国人などは大変怒っていたが、これも「小中華」の残照であろうか。昔の日本の神武紀元を想起させる所なきにしもあらずであるが、「半万年の歴史」という教化は、戦後の学校教育では一九五〇年代に既に始まっている。韓国文教部編纂『国語』にいわく、

半万年の長い歴史受け継いで
光輝ある新たな国を造り上げたウリ（我ら）
ウリは希望の華、大韓の少年
ウリは名誉ある大韓の少年

歴史上の朝鮮が、強大な中華帝国の東の端に位置し、なおも呑み込まれることなく今日までその独立を保ち続けた理由。それは強大国の懐に飛び込み、その権威のエッセンスを

さらに先鋭化させ、序列の最上位の矜恃を獲得すること、これである。このようにして彼らは中国もモンゴルも日本も、その旺盛な胃袋のうちに消化したのであった。

四、強い朝鮮

韓国・北朝鮮は弱小国に非ず

朝鮮には伝統的な日本侮蔑があるということはすでに述べた。その日本侮蔑をベースにし、そこに「騎馬民族説」を加えたように一見思われる、韓国独自の歴史観というものがある。読者が「騎馬民族説」を信じていれば、一瞬うむとうなってしまうかも知れないが、ひとまず判断を中止し、この論の展開を眺めていただきたい。

まず、今日の韓国人はいう。太古において自分たちは中原の民であり、アジアの中心にあった。それが漢族に追われ、朝鮮半島にやって来たのだ。そしてその一部が日本に渡り、倭国を形成した、と。

一種の「汎韓民族史観」と言ってもよい。

韓国に行ったことのある方ならば、戦後世代の「汎韓民族史観」で育った人たちが次のように語るのを、あるいは耳にされたかも知れない。

「日本の皇室はもともと韓民族が海を渡って作ったものであり、君たち日本人は韓民族の後裔にすぎない。ゆえに君たちには独自の文化など何一つないのだ」という論法である。

この論は戦中には全く逆で、朝鮮王室の祖は日本であり、純朝鮮文化イコール日本文化という形で教化されていた。「皇国史観」の対朝鮮版である。これが戦後、本末入れ替わって「汎韓民族史観」となったわけである。

これは言うまでもなく「小中華」戦略の産物なのであり、かつて明国から学び、先鋭化された朝鮮朱子学が、すでに国内で朱子の権威の墜ちていた明国人・清国人をなみする武器として李朝で再登場してきた過程とまったく同様なのである。

この「小中華」戦略ゆえに、朝鮮はかつて「強く」あり得たのである。

「小中華」の覇を唱えた李朝は、朱子の学の衰えた清国を侮蔑し、以後清から一切何も学ぼうとしなかった歴史を持つ。現代韓国の「汎韓民族史観」の方はどうであろうか。実に同様に、日本には独自の文化などないということで、以後韓国では自律的な日本文化研究はまったく行われなかったのであった。

東アジアに居住する朝鮮民族は、韓国の約四千万人、北朝鮮の約二千万人が朝鮮半島居住人口であり、中国領に住むいわゆる朝鮮族は約一二〇万人、日本居住の在日韓国・朝鮮人は約八〇万人と言われている。日本居住人口を一とする人口比で言えば、韓国、北朝鮮、中国領朝鮮族、在日韓国・朝鮮人の順で五〇対二五対一・五対一になる。この比率からもわかるように中国領の朝鮮族と在日韓国・朝鮮人は明確に少数者である。それは各外国領において少数者であると同時に、朝鮮半島居住人口と比べても少数者なのであり、この人人を朝鮮半島居住者たちとまったく同じ観点から語ることは無理である。まずもって彼らは思想教化が末端まで行きわたる朝鮮半島とは異なる状況下にいる。具体的に言えば中国領の朝鮮族では、つねに中国との二重性の葛藤の中にあるため、民族の主体性が歴史上議論の対象になることはなかったという。これは北朝鮮や韓国と比べて著しい差異である。また「汎韓民族史観」を標榜し、日本に文化がないという在日韓国・朝鮮人は、存在したとしてもきわめて僅少であろう。日本の歴史性と文化を肌で感じる環境に居住し、教育の多くを日本に依るからである。したがって筆者がここで語る話を、そのまま中国の朝鮮族や在日韓国・朝鮮人に当てはめても当たらない。たとえば私の妻などは朝鮮民族出身ではあるが、韓国の「汎韓民族史観」の狭量な面をたいへん慨嘆したりするのである。

さて、朝鮮の「小中華」戦略は歴代一体何を護ってきたのだろうか。それは実は国でも民族でもない。ウリそのものなのである。

ウリは危機に対応して民族、知合い、同郷人、同窓生、宗族、門中、堂内、家族、自分へと外縁部のブースターをはずして縮んでいくということはすでに第三章で述べた。逆に平和で余裕が生じれば、自分、家族、堂内、門中、宗族、同窓生、同郷人、知合い、民族へと広がる。この拡大の第一の契機が、一緒に食べること、つまり「共同会食」にあることも述べた（第二はプマシとブッタク、第三はピエタス・インプット）。最後の知合いから民族への広がりでは、「共同会食」が共同幻想になる。北の、首領から糧食をもらう「団らんの社会主義大家族」とか、南の民衆神学の「食膳共同体」などがそれであった。

もっと広がるとどうなるか。朝鮮民族、東洋人、アジア人、地球人、人（サラム）と広がるともう幻想が追いつかない。宇宙人がやって来たならば、地球人のなかで真っ先に一緒に食べようと言い出すのは韓国人であろう。もっともこれは冗談である。

外交交渉の際の北朝鮮代表団は、口角泡を飛ばし、感情激して拳でテーブルを叩くという。ウリのためなら「ソウルが火の海になるぞ」と平気で威嚇する。しかしその彼らがレセプションになると恬然《てんぜん》と微笑んで酒をついでくれるというのである。なぜか。レセプションのときには一緒に食べるので、そのときだけウリが広がるのである。不死身のウリはかように伸縮自在なのだ。

このウリこそが朝鮮民族の強さの源泉なのである。

しかしその強いウリにも全く問題がないわけではない。「小中華」の幻想に染まりきれなかった者たちを、外部世界にナムとして追い立ててしまうからである。「汎韓民族史観」や「汎アジア主義」の錦の御旗が性に合わない者、「大国のごとき幻想」の幻想性を許容し得ない者は自らウリの胎を切り放ち、田野に身を置き、あるいは進んで国外に去る。これは韓国人の頭脳流出の、一つの構造的な回路でもある。

北朝鮮についても同様のことが言える。「主体思想」や「有機体国家」という幻想の糧食が口に合わず、同じく「大国のごとき幻想」に背を向ける人々がいる。

政治が鞭のように、物の与える痛みとして個人に迫れば、そして思想が注入剤のように個人の頭に注ぎこまれれば、一群の人々はたえきれずに飛び出すだろう。これも当然のことである。国や民族というまとまりとして、ウリを護るはずの「小中華」戦略が、覚醒者を体内からたたき出してしまうのだ。

朝鮮民族とつき合って二〇年、振り返ってみれば筆者の韓国の友人はこのような人々ばかりであることに気づく。彼らは言う。どのように幻想で鎧えば韓国で出世できるかは痛いほど分かっている。しかし自分にはそれはできない。頭のなかに何か植えつけられるのはもう沢山だ、という者もいる。そして会えば必ず韓国を慨嘆する。筆者のこの本には、実は彼らから聞いた話が諸処にちりばめられている。代弁などという僭越な気持ちは筆者にはない。どのようにしてこのような構造ができあがったのか、自ら知りたくて筆をとったのである。

私はあまり好きな言葉ではないが、最近の韓国の反日に対して、日本では「嫌韓」を唱える人々がいる。いくら歩み寄ろうとしても、反日にはね返される不快感を表明したものでもあろう。一人一人はよい人なのだが、集まるとどうもと思われる方も多いことだろう。これは韓国人が集まってウリになると「大国のごとき幻想」を鎧い、「日本無文化論」を展開し、「過去の文化的恩義を侵略の仇で返した」と激昂する謂れがわからず、こちらとしては取り付く島がないからである。しかし彼らのこのような行動の裏には日本に弱小国として侮蔑されているという疼くような抑圧感、いな危機意識があるのである。だからウリは「大国のごとき幻想」を鎧うのである。

韓国の新聞・雑誌等のいわゆる「言論界」を見ていると、彼らの自国観が大きく二つに分かれていることが分かる。

一つは先ほどの「汎韓民族史観」や韓国中心の「汎アジア主義」を標榜したもの。こちらは大言壮語でたいへん元気がよい。もう一つは自国を弱小国と規定し、西欧や日本に範をとれと促すもので、こちらはいたって元気がない。異様なのは同じコラムニストの文章のなかに、それらが同時並存的に現れることである。

韓国人は団結力が弱い。日本人の一糸乱れぬ集団を見習え。しかし実は韓国人は団結心が強い。何故なら「日本帝国主義者」の同化を撥ね返し国を護ったではないか、云々。矛盾の塊である。これでは韓国人の団結力が弱くて同時に強いことになってしまう。

しかし何かに似ていないだろうか。そう、これらは李朝両班のいだいた「大国のごとき楽観」と「小国の現実」の自己内葛藤の現代版なのである。以前のは比較の相手が清国であったが、今度のは西欧プラス日本になっているところが異なる点であろうか。これは危機意識あるいは抑圧感が顕在化していて、「小中華」戦略が貫徹できなかった例なのである。貫徹していれば「ウリナラ・マンセー」(我が国万歳)で楽観的に終わる。

いや、この書き手自身、自らを誤解しているのである。国民の団結力は弱いが、ウリの団結力は強いのである。国のレベルでは自虐的になっても、下位のウリのレベルでは決してへこたれないのである。外敵が来れば外縁部を切り捨ててじっと待ち、去れば大きく深呼吸してウリを膨らます。そうだ民族は勝ったのだ。国は勝ったのだ。いな、それは事後の膨らんだ姿である。外敵の侵略に勝ってきたのは実は国でも民族でもない。不死身のウリなのである。朝鮮は弱小国ではない。いわばウリ式強小国なのである。

このようにして朝鮮民族は歴代己を護ってきたのだと分かれば、我々は彼らをもっとよく理解できるのではないだろうか。我々は彼らに鎧をゆっくりと脱いでもらう努力をしなければならない。それにはこちら側が、両民族間の歴史をきちんと認識し、そして彼らは弱小国だという侮蔑からまず捨てなければならないだろう。

あとがき

朝鮮民族の究極の部分についてお話しし、本書のあとがきにしたいと思う。

その部分とは起源が分からない。原初からそうであったというべきなのだろうか。韓国の朝鮮民族、北朝鮮の朝鮮民族、中国領に居住する朝鮮族、そして日本の在日韓国人・朝鮮人。これら朝鮮民族を包括し、そのもっとも基底に流れるものは、身近な例では私の妻にも見られる。

それは状況によって重層的に構築されない感性。場によって顔色の変わらない、一なるものの存在である。

純粋とか、清明というのとも少し違う。底抜けとか、虚心とか、素朴というのでもない。あえて言えば、「率直・単純・端的・直入・きんきら・のびやか・あっけらかん」とでも言おうか。

朝鮮思想史の研究者として筑波大学に赴任した私に、ある韓国人留学生がこう言った。

「先生、韓国のこと分かりますか」。

「?!」。

私は感動して声もでなかった。すると彼は莞爾と微笑んで言った。

「わからないことがあったら、私に聞いてください」。

知的な韓国の方は、これを「無識」と恥じるかも知れない。しかし私はこれこそ原初のコリアン・エッセンスであると、深く感じいったのである。

構えの無い感性。外国人にウリ（自分たち）のことはわからない。教えてあげよう。彼はのびやかに、あっけらかんとそう思った。

冬になると、親友の李庸君から急に手紙が届く。

「おお！　雪だ、雪だ、大雪だ」

と、書いてある。便箋三枚ほど、ただただ初雪のことが書いてある。

彼はきっと病院の診察室の窓から初雪を眺めているのだ。異郷にいる親友の私にこの喜びを伝えたい。おお！　と彼はあの一なるものにつき動かされ、敢然と筆をとった。

この一なるものが朝鮮民族になかったならば、私の朝鮮研究は二〇年間も到底続かなかっただろう。

私はこの長い年月一体何をしてきたのだろうか。それはこの一なるものに覆いかぶさった、外来思想の皮とその育てた肉を、一枚また一枚と剝ぎとる作業であった。そして私はいま、ふたたびあの一なるものに対峙している。

これを朝鮮語でサラム（ひと）という。日本のヒトはサラムではないので、朝鮮民族からはコムコマダ（几帳面だがずるい）とか、ヤクサクパルダ（機敏だが如才ない）という相反する内包をもった形容詞で呼ばれている。日本のヒトの真似をするとサラムはすっかり駄目になってしまう。重層的な感性は彼らを最も傷つけるのである。

私も二〇年間、ヒトとして、多くのサラムを傷つけてしまった気がする。この本などは、その集大成かも知れない。その間サラムである妻は、満身創痍で頑固な「ヒト」を支えつづけてくれた。感謝せずにはいられない。

筑摩書房の井崎正敏氏には、感謝と言うより、大恩を感じる。氏とはお会いしてから既に七年にもなるが、筆者のように生産性の低い書き手によくも辛抱してお待ちくださったものだと、その間の年月を思うとき、めくるめくものを感じざるを得ない。

氏とは韓国の霊山に、かつて某宗教教団を訪れたこともあった。迫りくる闇のなか、白衣の韓人たちにとり囲まれ、洋蠟燭のあかり仄めく祭壇を前に二人して座し、「ギャーテイ、ギャーティ」と祈禱をあげるなど、貴重な体験を共にしたりもした。そしてそれらも結局、本書の内容にはならなかったのである。まことに慙愧に耐えない。
無駄ばかりし、迂回しては引っかかり、止まってしまう筆者を、井崎氏が咎めだてしたことは一度もなかった。この方はヒトでありながら、生まれつきだろうか不思議にサラム的なところのあるひとで、いつも単刀直入にずばずばと肉を斬らして骨を断つ。回転の遅い筆者は、気が付くとあっという間になますになっており、またじわじわと集めては執念深く書き直すのであった。

こうして七年も過ぎ去ってしまった。

結局、筆者はサラムにはなれなかった。韓国滞在の六年間にもなれなかったものが、なれるわけがないのかもしれない。豁然貫通してサラムにいたる人もいるのだが、私が今ようやく辿り着いたのは再びあのサラムの前であった。

一九九五年一月

筆者

それでも変わらぬ通奏低音——ちくま学芸文庫版あとがきにかえて

筆者は一九八〇年から一九八六年までの六年間、韓国のソウルに滞在していた。当初はそのように長くなるとは思ってもみなかったのだが、日本に職もなく帰る宛もなく、すべもなく居続けたのである。

顧みれば一九七〇年代初頭、大学入学時には将来朝鮮研究にたずさわることなど思いもよらないことだった。大学紛争はすでに終わり、入った校舎に窓硝子が一枚もなかったことを今でもよく覚えている。前の世代が大学の窓硝子もろとも、教養というものを粉々に打ち砕いて去っていった。

このときから今日の大学は漂流し始めたのだと思う。教養なくして、いったい何の知識を教えるというのだろうか。現象の記述や情報の伝達だけでは、自分の内側から文章を生産していくにはいかにも無理があるように私には思われた。将来の志望も、漠然と「文人」であったため、それでまったくといってよいほど窮してしまったものだ。大学の教養主義だけが頼りだったのに、がっかりして、私もその時から漂流を始めた。

大学で講義を受けて図書館で本を読み漁っていれば、勉強しているわけだから自然に知識だけは身につく。しかし筆で身を立てるということはそのように安直にはいかない。ちょっとした文章を書くにしても、知識を織りこみ、脈絡を持たせて文を繋いでいくためには、背後に目に見えないペースト状の糊のようなものが必要らしいということには、だいぶ前から気がついてはいたのだが、この糊がなかなか滲み出てこなかった。

大学では二人の師匠から多くのことを教わった。ひとかたは中国歴史人類学で華僑・華人研究の専門家、もうひとかたはドイツ経済史の専門家だった。紹介していただいた本はことごとく読破したものだ。漢文で「蝿頭《ようとう》一万巻」という言葉がある。細かい蝿の頭のような文字を読み続けることをいうが、そのようにして読書をし続けた。

だがそれだけでは食えないので、大学院なかばで日本語講師として韓国へ渡った。異文化と外国語というものはただただ面白い。韓国語と、日韓の文化的な差異の考察に夢中になったが、ふつう言うようにそれで国際的な視野が広まるというようなことは敢えてなかった。私の場合には、自分の精神を変えるということによってしか、外国語は決してうまくはならないという実験を己に課しただけであったかもしれない。

滞韓六年目のある日、妻に「あなた日本人が韓国で、そんなに韓国人になってしまってどうするの？　意味ないから帰りましょう」といわれ、それも然りと三日で家をたたんで帰国してしまった。空港の審査官に在留証明書を返したときには、あまりに簡単すぎてこれでよいのかと一瞬懐疑したが、身は既にゲートを出てしまっていた。

以後七年間、人にはブッキッシュといわれるほど、ひたすら読書を続け、やがて何とか糊のようなものが出てきたところで、それを絞り出すようにして書いたのが本書である。ある友人は「読書でも、擬似教養みたいなものがつくれるのだなぁ」と、呆れていたが、私には実際この方法しかなかった。この本が上梓されたとき、齢はすでに四十の坂を越えていた。

思えば、六年間住んだ国も、別に韓国でなくてよかった気がしないではない。行ってから好きになり、関心を持った国なので、自分と彼の国との間にかつて特別な必然性というものを実感したことがない。ただ異国との関わりが、教養のための触媒にはなっていたかと思う。

たとえば、着いたその日に韓国人が米飯を匙で食しているのを見てまず吃驚してしまった。それは長い間、胸中に暖められる疑問となったのだが、後に青木正児の『用匙《ようし》喫飯《きっぱん》考《こう》』（一九四四年）を読み、氷解した。中国では宋・元代まで匙ですくって米飯を食べ、明代に至り、ようやく粘り気のある南方の米が全国に広まったことにより、箸で米飯を挟んで食えるようになったのだという。粘り気のある米になってからも、けだし朝鮮だけは匙での米食を押し通したのである。

韓国人が銀色に光るアルマイト製の食器に、米飯を盛って食べているのにも目を見張った。何しろ韓国の陶器は日本ではあまりに有名だったから、陶器をなぜ食器に使わないのか、当初はかいもく見当もつかなかったものだ。

しかしこれも、一八世紀後半の柳得恭の『京都雑志』に、「一般に真鍮の什器を重んじる。人々は必ず、飯、汁、菜、焼肉など、食膳に必要な真鍮製の什器類をととのえる」とあるのを見て、はじめて合点の膝を叩いた。つまり韓国人は光る金属の食器の方が好みで、陶器を一等下のものと捉えていたのである。日本人が珍重する朝鮮の陶器とはじつは下層階級の飯茶碗に過ぎず、これを「サギ・クルッ（沙器）」、つまり土の器と当時呼んでいた。今日では、韓国人の中流家庭で陶器を使うことがあるが、これは日本の習慣の逆輸入から始まったものである。

民芸研究家柳宗悦《やなぎむねよし》は朝鮮の陶器の芸術性を高く評価し、これを日本に紹介した人物であるが、朝鮮の百姓家の土間に、井戸や熊川などの名器が無造作にごろごろと転がっているのを見て驚き、「それも貧乏人が不断ざらに使ふ茶碗である。全くの下手物である。典型的な雑器である。一番値の安い並物である。作る者は卑下して作ったのである」(『「喜左衛門井戸」を見る』)と、絶句した記述が残っている。

李朝茶碗は日本では美であり、朝鮮ではまったく美ではなかった。したがって庶民は戦後生活が豊かになるにつれ、陶器の飯茶碗を捨て、彼らにとってはより美しいもの、光る金属の器へと什器を変えていったということになる。ゆえに、かつての朝鮮の役の際、連れてこられた彼の地の陶工たちは日本でこそ厚遇されたものであり、よく言われる陶工悲話などもかなりの眉唾物と言わねばなるまい。

韓国に六年間滞在していたときも、日々そのようなことばかりを考えて暮らしていた。目線はこの世を突き抜けていたので、当時痛かったが、親知らずが生えていることにも気づかず、焼き肉屋で間違えて履いて出たひとまわり大きな他人の靴で、ぶかぶかとソウルの街を闊歩していた。あれからすでに二十年近くの歳月が流れ去ってしまったが、振り返れば来し方は漠として、いつしか老いは侘びしく、鬢は白く颯々《さつさつ》と風に揺れる有様となった。

そこで久々に本書を読み返してみると、ひび割れた河床に急に泉の湧くようで、おかしくもあり嬉しいのも妙なものだ。韓国や北朝鮮に対して筆は相変わらず厳しく辛辣なのだが、それを覆って余りある愛情がある。おそらくこの愛情を素にして、その後私は無味乾燥な論文や専門書を書き続けてきたのだろうと思うと、反省もしきりである。

本書は刊行からすでに十年も経っている。その間韓国の社会もずいぶんと変わったので、ここで若干の知識を補っておきたい。

第一章に出てくる韓国の伝統的な結納の儀式などは、今日では贅沢に過ぎるので控えられる傾向にあり、他方富裕層の間では西洋風の結婚式がかえって華美になったりしている。

第二章の朝鮮の職分意識について言えば、韓国における職業差別は現在も続いている。職分はかつて学歴によって支えられていたが、金泳三《キムヨンサム》大統領時代に大学が大幅に増えると、大学出か否かの区別にかわり、今度は大学の序列化による差別が徐々に露わになっていった。狂騒的とも思える今日の韓国の受験競争は、大学の銘柄が一生を左右してしまうという、敗者復活戦なき社会の苛酷さを浮き彫りにしている。そして銘柄のあまり良くない大学を出た者さえも、中小企業などへの就職を社会的に卑しむべきものとして忌避する傾向にあるという。

本書八五ページにある「韓国が発展するうえで不可欠だったこと、それは儒教イデオロギーの、とりわけ労働蔑視観を捨てた（しかし職業差別観は残した）若い層が広範に育ったことだと筆者には思われる」というのは、書いた当時は推測だったのだが、なかば当たったことになる。つまり労働蔑視観はかなり矯められたが、職業差別観はあらたなステージで一層の発展を見たのである。

第三章の韓国人の「ウリ」意識は変わらない。しかし今日のそれは確かに前よりは緩やかになった。インターネットの発達により、若者たちは見知らぬ人たちとの出会いをネット上で楽しむようになったことも大きい。個人は「ウリから押し出されるように、胞衣をつけたまま遊泳するようになった」(八六頁)と、本書には書いたのだが、それがインターネットという新しいメディアによって現実味を増していく過程を、その後目撃しようとは当時は夢想だにしなかった。

もう一つはウリ自体の内部変化である。個人主義の結果、ウリの結束が弱くなり、前よりナムとの対立が尖鋭化しなくなった。つまりグループ内の競争と葛藤が激しくなったため、ウリ意識がかえって薄れてしまうという変化が加わった。しかしそれも程度問題で、日本の「身内」などよりは相変わらず強靭であることには変わりはない。話は少々飛ぶかも知れないが、そのことを示す事例を次にあげておこう。

日本も韓国も年齢による序列社会であることは、今も昔も同じである。したがって歳をとってくると、若い頃には見えなかった韓国が見えてくるということがある。昔はこちらが留学生で韓国の大学教授の下にいたわけだが、今度はこちらが教授で韓国人留学生たちが私の研究室にやってくる。そうすると状況がまるでひっくり返ってしまい、彼らの間の師弟関係の濃厚さが、逆に実感されたりするものである。

韓国人のウリ関係で「ヌンチ」というものがあるが、これは本書には結局書かなかった。なぜかというと説明が大変難しいからである。ヌンチとは上位者に対する気遣いということで、日本にも類似なものがあることはあるが、それよりは遥かに情が濃厚で、かつ素早く反応しなければならない。一瞬にして上位者の顔色を読み、対処する能力とでも言おうか。それを日々、怠りなくする。胡麻すりなどという低いレベルのものではなく、さらに高次の「ご機嫌伺い」であり、後輩が先輩に、学生が教授に、嫁が舅姑や小姑に対し、常時ぬかりなく機敏に行わねばならない。朱子学でいえば、「下位にありて上に獲《え》られざれば、民を得て治むべからず」(『中庸章句』)という規範に近い。

狭いウリの内部での関係を円滑にするための処方なのだが、その細かい神経は日本人の想像をはるかに超えている。慣れてくると研究室にやってくる韓国人留学生たちが、高速度のヌンチで私の顔色を読んだことが、即座にわかるようになってくる。こちらが不快な状態にいることを把握すると、彼らはこれ以上刺激しないように薄氷《うすらひ》を踏むように言葉を選ぶ。逆に機嫌がよいとわかると、がんがん笑い話を繰り出してくる。不健康な師の顔色には気づかいで応え、元気な気色には己の不調を忘れる。これはともに悲しみ、ともに苦しみ、ともに楽しみ、そしてともに笑うという、非常に高度な間主観性がないとできる技ではない。その技量を誉めるときには、「ヌンチガ・パルダ（ヌンチが早い）」という。これに習熟していないと、先輩は怒り出し、師は顔をしかめ、姑は嫁の悪口をぶつぶつ言いながら近所に向かって、「アイゴー、ク・ケーチベ（何たる尼っこじゃ）！」などと泣き叫ぶことであろう。

ウリとはそのような伝統的規範によって防御されているものであることを、本書第三章に付け加えておきたい。第四章については、筆者としてはあまり付言することがない。そのままで良いようである。第五章「理気の世界」に関しては、小倉紀藏氏の『韓国は一個の哲学である――〈理〉と〈気〉の社会システム』（一九九八年、講談社現代新書）を併わせて読まれることをお勧めしたい。こちらの方が、筆者の第五章の記述より出来がよい。この著者が「韓国哲学」などという、無いものを唱道しているのはどうかと思うが、氏自身がその創造者となるのであれば、諸手をあげて賛成したい。

さて、ここまでは韓国についての補塡であるが、つぎに北朝鮮の方も当然十年間で変化があった。その変貌は韓国よりも大きいと言えるかもしれない。北朝鮮の社会は、あれから坂道を転がり落ちるように激変してしまった。この本が刊行された一九九五年頃から、北朝鮮は「苦難の行軍時代」といわれる一大自然災害に見舞われ、完全に疲弊してしまうのである。

北朝鮮の不運を時代を追って順にあげれば、まず一九九一年のソ連邦崩壊があり、これにより石油のルートが絶たれて北朝鮮経済は徐々にほころびだした。翌々年には社会主義経済体制の根幹である計画経済を放棄したことが明らかになっている。計画経済を失えば、それはもはや社会主義の国ということはできない。北朝鮮はただの独裁国になってしまったということである。しかし、お隣の中国と同じで、頭だけは共産主義なので大義と現身《うつせみ》の姿が合わない。そこで一党独裁は道義を失し、独裁者の悪事が糊塗できなくなってどんどんと露顕していった。

続いて一九九四年には金日成が死去した。金正日はこの体制の危機を、金日成を神、自分を実質的に教祖とするカルト国家化、ならびに軍国主義の恐怖政治によって乗り切るのであり、九〇年代後半になると、本書に述べた有機体国家論の内実は、脳髄である首領(金日成)・中枢である党・細胞である人民から、脳髄である将軍(金正日)・中枢である軍・細胞である人民へと徐々に移されていった。

その間、全国の段々畑化はその粗放性ゆえに農地の荒廃をもたらし、山から流れ落ちた土砂は河床を上げ大洪水が平野部を襲った。一九九五年からの自然災害はこうして始まった。金正日はこの危機を経済立て直しによってではなく、ひたすら軍国主義による圧政でつくろい、人民に兵を養わせたのだった。彼は、「先軍政治」という軍の優先策を社会全体に行き渡らせ、最近では「軍隊はすなわち党であり国家であり、人民である」などのスローガンが掲げられるに至っている。このような軍国主義化の中で、本書に登場した北朝鮮最高のイデオローグ黄《ファン》長《ヂャン》燁《ヨプ》氏は最早お払い箱となり、一九九七年に韓国に亡命することになるのである。

二〇〇二年、アメリカ合衆国のブッシュ大統領は北朝鮮を名指しで、「悪の枢軸」演説を行ったが、彼に言われるまでもなく、当の北朝鮮は現在もさらに悪業を重ねている。核・ミサイル開発は言うに及ばず、麻薬密売、武器取引、拉致、脱北者、そのどの表象を選んでも、典型的な「ならず者国家」であり、善処のしようがない。それでも潰れそうで潰れないのは、自由主義側との国境接触を嫌う中国が秘密経済援助をしていることにも一因があるが、断崖絶壁で居直る朝鮮民族の強さも評価されねばなるまい。

本書第六章で述べた朝鮮の中華思想は、今日北朝鮮で一層の発展を見せている。九一年にソ連邦が崩壊すると、翌年から北朝鮮は世界中の無名の共産主義・社会主義諸団体の署名を集め始め、金日成が死亡した九四年からは、朝鮮労働党は世界革命の中心であると豪語した。翌年からは、「強盛大国」と自称し、無名団体の署名を第二の共産党宣言と謳うに至る。九六年になると、かつてのソ連に代わって北朝鮮が国際共産主義の中心だ、と言いだし、九八年にはテポドン・ミサイルを日本列島に向けて発射したのだった。そして同年の最高人民会議で、強盛大国路線を党のスローガンとして採択するのである。我々はここに、絵に描いたような「小中華思想」の輪廻を見ることができるだろう。

ところで前書きにも書いたことだが、日本の朝鮮認識はあいかわらず南北間で善と悪のシーソー・ゲームを続けているようである。現在北朝鮮イメージがさらに悪化する一方で、韓国イメージは韓国ドラマ・ブームなどとあいまって、無理やりよい方向に牽引されているかに見受けられるのだが、うがちすぎであろうか。しかし現実的には、韓国の政治も経済も社会も、本当は相当悪化しているといわねばならない。

遡れば八〇年代後半、盧泰愚《ノテウ》政権は「北方政策」により北朝鮮を通じて、中国などの北方の国々との関係を徐々に密接なものに変えていった。以後二〇年に及ぶ韓国の親北政策の始まりである。また一九八七年からの「民主化」は、学生運動に対する当局の監視を弛め、北朝鮮の思想的な浸透は、各大学の主体思想研究サークルを通じて、徐々に北の細胞を校内に形成していったのだった。

次の金泳三大統領時代には、韓国は無策な経済政策下で、一九九七年金融危機に陥る。IMFの緊急支援でたちまち息を吹き返すが、これよりアメリカに対する資本の従属度は高まり、それに反発する国民世論は以後一貫して反米の度合いを強めていくことになった。このような状況下で、次の金大中《キムデジュン》政権は国内の脆弱な支持基盤を補うために、韓国国民ナショナリズムを押さえ、朝鮮民族ナショナリズムの方を北朝鮮擁護の形で掻き立てていったのだった。

本来、北を懐柔するはずであった金大中「太陽政策」も金正日の外交戦術に敗れ、金大中はノーベル賞と引き替えに、「歴史的な南北首脳会談」という金正日のトロイの木馬を韓国内に引き入れてしまった。その結果、親北朝鮮路線が民意の反米と合体し、反米親北という思潮となって国中に蔓延してしまったのである。これが自由主義世界の一員を標榜する、韓国の国体を弱めるであろうことは言うまでもない。

ついで盧武鉉《ノムヒョン》政権は反米の民意に押され、金大中の後を継いで立った左翼政権であったために、反米親北路線を受け継いだだけでなく、その側近には、学生運動出身の左翼人士や北朝鮮との連携ルートを持つ極左分子、いわゆる韓国版「タリバン」といわれる人々が入り込み、その政権下で韓国の国民世論はすっかり北朝鮮に取り込まれてしまった。彼らのたえず誘発する、親日派の子孫を弾劾するための親日真相糾明法や、国家保安法廃止などの施策は国情を一層不安定にさせ、円滑な政権運営を困難にしていると言えよう。

加えて盧武鉉政権は本来労働運動出身の政権であるため、当初は頻発するストライキに強硬に臨むことができず、国内の工場は七〇％が中国に逃避し、巨大な産業の空洞が生じてしまった。また前政権からクレジットカード政策を採り、税額控除制度で消費者や事業者に優遇を与え、領収書からの税収確保を図ってきたが、領収書に宝くじを付して射倖心をあおり、カード勧誘を路頭で行った結果、二〇〇四年現在で国民の一五人に一人が信用不良者という驚くべき事態を招いている。北朝鮮の崩壊も危惧されるが、韓国の溶解もまた憂慮されるのである。

他方、日本も含めて不況からなかなか脱せない東アジア諸国の中で、ひとり経済躍進しているのが中国である。グローバリゼーションの波に乗り、外資を集中させて、短期間に経済成長する戦略をとっているわけだが、中国にはそもそも金利の自由市場というものが存在しない。そのようなところで需要のみが高まると、中間的に私的な金利が次々に発生し、資金の最終需要者の手に渡るときには金利は膨大な額になっているはずである。ここに不良債権が必然的に発生する構造がある。このバブルは弾けざるを得ないし、その規模は九〇年代末の韓国の金融危機に比しても格別なものになるだろう。中国の経済援助を受ける北朝鮮や、中国なしにはもはや自立できない韓国の将来が危ぶまれるところである。

本書でも明らかなように、そもそも朝鮮の伝統的な脊髄は、日本よりも中国の方により深く繫がっている。例えば結納の儀式のときに花婿から花嫁に木彫りのアヒルを贈ることになっているが、これは中国古代の礼儀を記述した『儀礼《ぎらい》』に出ていて、こちらでは花婿の使者が花嫁の家を三度訪れて本物のアヒルを四羽贈ることになっている。少々変形したわけだ。また、韓国の結婚式では舅と姑が新婚の夫婦に栗と棗の実を抛《ほう》ることになっているが、これも『儀礼』の方では、婚家での初めてのお目見えの際に、花嫁が栗と棗の実を舅に捧げもって行くことになっている。その他、冒頭に書いた匙で米飯を食することやウチとソトの間にある深い溝の存在など、朝鮮は隣の中国にずっと近い伝統を持っているといえるだろう。ゆえに共感もこの両者の間では相当強そうに見える。

しかし韓国人は現実的にはずっとドライで、近代に入ってからは日本、続いてアメリカと、宗主国に合わせて己の姿を変えることをよく知っていた。筆者は韓国滞在中に日本の神社で神主の修行をしていたという韓国人たちに出会ったし、戦後の韓国人は現在三人に一人がプロテスタントだといわれる宗教的状況に達している。また最近の韓国人は、少しでも余裕があれば、子弟をアメリカに留学させ学位をとらせることを旨としている。幼い子供まで留学させ、母子ともども渡米してしまうため、残された父親は米韓を行ったり来たりする有様である。これを韓国語で「キロギ・アッパ（雁の父）」という。実際早期に留学したものたちは博士学位をとってすでに帰国し、立派に韓国の各大学の教授となり、今やこちらの方が「国内《クンネ》博士《パクサ》」（韓国の博士号を持つ人々）より優勢なのだ。彼らは当然のことのように親米派であり、彼らの間の本音ではアメリカ事大主義が主流だろう。

八〇年代後半の民主化以来、反米親北という風潮が徐々に醸成されてきたわけだが、政権担当者たちは結果として、中産階級の人々をアメリカ移民へと押しやり、現在では反企業・反富裕層のポピュリズムが、国内財産の海外への逃避を加速化させている。レフトでナショナルでイデオロギッシュな人々が勝つのか、ライトでドライな人々が勝つのか、次の政権交代である二〇〇七年は目が離せないところである。果たして韓国は、このまま中国・北朝鮮陣営にいってしまい、自由主義側に再び戻ってこないのだろうか。二〇〇八年の北京オリンピックの求心力を念頭に置けば、もう戻ってこない可能性の方が大きいのかもしれない。その後の中国バブルのことも考え合わせれば、日本は東アジア諸国から身を遠ざけておいた方が賢明という識者もいることだろう。

筆者は三十年あまり、東アジアを専門とし東アジアの風景を見つめ、東アジアのことばかり考え続けてきた。初期には中国専攻で途中から朝鮮専攻に転じたが、若いときに師匠に紹介されて読んだ和久田幸助『私の中国人ノート』（一九七九年、講談社文庫）が今もって忘れられない。達者な広東語と該博な知識で中国社会に分け入り、当時としては随分と深いところ、そして危険なところまで、身を捨てて入り込んでいたと思う。以来、朝鮮についてもこのような本があればよいものを、と思いつつ齢を重ねてきた。

ところが他方、民族の暗部や深層部を描かれることを当の民族は余り喜ばないもののようである。尊敬する先達であるH氏賞受賞者の韓国人詩人・崔華國氏（当時在日、現在は在米）に、本書の初版本を送ったところ、「一行読んで冷や汗たらーっ、もう一行読んで脂汗ぬらーっ」という返書をいただいた。「ああ、私の書いたものは一般の韓国人にはたぶん受けいれられないだろうなぁ」と思いつつ、もう四冊も朝鮮関連の単著を書き、そのうち二冊は賞まで頂いてしまった。しかし韓国語に訳されたものはただの一冊もない。おそらく私の紡ぐ言葉は、韓国人の目前をあわただしく通り過ぎ、ざらざらとした感触を素足の裏に残すのであろう。韓国における出版・言論の自由とは、そのようにナイーブなものであり、韓国人の心性において、外国人たちの同民族に対する好評はあらかじめ前提とされているものと見なければならない。

韓国・北朝鮮については、あまり明るい未来は素直に記述できないが、あえてそのような題材を探れば、ここ十年間で南北を善悪でみる視点にはあまり変化が見られなかったものの、日本人の朝鮮半島に関する関心は大きく広がったと一定言えるだろう。少なくとも、まったく無関心の人があまりいなくなったかに見える。かつては匂いを嫌がっていたキムチをお新香のように食べるようになったし、韓国料理はブームになって日本中に広まった。

またソフト・カルチャーに対する関心は高まっているし、日韓を往来する人々も飛躍的に増大した。

いまでは成田から飛んで二時間少々、ソウルのホテルに滞在して江南で買い物し、サウナやエステを楽しんで、韓国料理を食べて帰ってくればソフトなカルチャーを気軽に楽しめる。そのような人々が僅少だった八〇年代に比べれば隔世の感がある。なにしろかつては、「暗黒の独裁国」と呼ばれていたのだから……。そこで「近くて遠い国」が「近くて近い国」になったと楽天的に語る人もいるのだが、筆者にはとてもそのようには思われない。ますます遠くなったというのが実感である。十年前、本書の前書きに「「近くて遠い国」がいくら観念的に近くなっても何の意味があるのだろうか。それは依然として、現実的に「遠い国」であり続けているのだから」と書いたのだが、この状況は相変わらずなのだと思われる。韓国グルメ・ブームや韓国ドラマ・ブームなどは、むしろ韓国に対する観想の幅を押し広げてしまったのかもしれない。

贖罪の言葉でもって韓国・北朝鮮を描き、自己の正義感を確認する類の虚構の書物はたしかに徐々に消えつつあるようである。東アジア諸国のナショナリズム自体が、その虚構を政治的に拡大しようとする今日、彼らのナショナリズムの後押しが正義に連なるとは、もはや誰にも思われぬところではないだろうか。これも今や隔世の感のある出来事である。

本書は今から十年前に書かれたものであり、韓国や北朝鮮がまだまだ良い時代だった頃の産物といえる。韓国はまだ金融危機を知らないし、北朝鮮はあの自然災害を知らない。日本にはまだ北朝鮮の正義を信ずる人々がいたし、韓国人との連帯に希望をかける人々がいた。本書からそのような時代の雰囲気を感じとっていただければ幸いである。筆者もその頃から底流する変わらぬ通奏低音に耳を傾けつつ、筆を擱くことにしたい。

古田博司

二〇〇五年一月

解説　常識にとらわれないことの難しさ――朝鮮半島とどう向き合うか

木村　幹

『荘子』大宗師編にこんな一節がある。

子貢曰く、「敢えて畸人を問う」と。曰く、「畸人は、人に畸にして天に侔し。故に曰く、『天の君子は、人の小人。人の君子は、天の小人なり』」と。

本書の著者である古田博司氏は「奇人」である。間違っても「変人」だと言わんとしているのではない。今からさかのぼること数年前、古田氏が勤務する大学での仕事に呼ばれた筆者が乗せられた車の中は、怪しげな北朝鮮歌謡のメロディーで満たされていた。考えれば、このような大事な書籍の解説を、自分より十三歳も若い、無名の筆者に任せるというのも尋常ではない。加えて、年の瀬も押し詰まった忙しい時期に、年配の業界の実力者から電話でこの仕事を依頼された筆者は、突然のことに混乱し、新書当時の本書の感想を聞かれて上手く思い出せず、「ぶっとんだ本だと思いました」などという意味不明な受け答えさえしたのである。普通なら無礼さの余りに怒りだして当然なところを、「呵呵」と笑って「それじゃよろしく」と電話を切ってしまうところなど、果たして大物なのか、ひょっとして何も考えていないのか、よくわからない。確かに古田氏は変わった人である。

しかし、そんなことが言いたいのではない。筆者の乏しい知識と手元の『漢韓大辞典』による限り、「奇人」、または「畸人」とは単なる「変わり者」ではなく、「常識にとらわれない人」のことである。そして、実際、「奇人」により書かれた「奇書」である本書には、奇抜なエピソードが満ち溢れている。中でも圧巻は、長年消息の途絶えていた韓国の友人を捜し求めて韓国に渡り、遂にはその友人の結納の儀式に巻き込まれてしまうくだりであろう。「そのような大事な儀式に慣習の意義もわからぬ外国人を携わらせてよいだろうか」。一応は、そのように自問しつつも、しかし特段の躊躇があるでもなく、韓国独特の儀式に、傍観者としてではなく、参加者として巻き込まれてしまう様は見事としか言いようがない。

とはいえ、それだけなら様々な朝鮮半島ものの著作が書店の店頭に並ぶ昨今では、類似したエピソードの書かれた書物を見つけることは難しいことではない、という人もあろう。確かに、本書の新書版が書かれてから十年を経た今日では、韓国に留学して韓国語を学んだ人はもちろん、古田氏よりも長い韓国滞在歴を持つ人さえ珍しくない。彼等は流暢な韓国語をしゃべり、時に韓国人以上に韓国のことに通じているかのように見える。加えて言うなら、そんな留学経験者たちよりも遥かに韓国のことを知っている筈の、朝鮮半島の人々自身が書いた朝鮮半島ものの著作もたくさんある。

しかしながら、そのような新しい朝鮮半島ものの著作を読みながらいつも思うことがある。少なくとも筆者には、これらの比較的新しい朝鮮半島に関する話は余り面白くないし、より適切な表現を使うなら、「ピンと」来ない。そして、恐らくそれには理由がある。例えば、朝鮮半島の人が語る朝鮮半島の話が我々の腑に落ちないのは、時に彼等が、我々日本に住む者が、朝鮮半島の何を知っており、何を知らないかをよく把握しないまま、語ろうとするからである。だからこそ彼等の話の多くは、日本語そのものがどんなにこなれていてもわかりにくく、隔靴搔痒の感がある。他方、朝鮮半島に長期に滞在した人々の多くは、恰《あたか》も自分が朝鮮半島の全てを知っているかのように語りたがる。誤解を恐れずにいうなら、しかし、そのようなやり方にも無理がある。どんなに長く韓国に滞在しようと、彼等が自ら体験したことは、所詮は個人的で断片的なものに過ぎない。そもそも私たちは、自分の生まれ育った日本という社会についてさえ、全てを語ることなどできないのだ。たかだか十年や十五年滞在した程度の経験で、朝鮮半島の全てを語り得るはずがない。

つまりは結局こういうことだ。朝鮮半島であろうとどこであろうと、我々は生まれ育った社会の外ではつねに、その社会の常識を真には共有しない「奇人」でしかあり得ない。朝鮮半島から来た人々は日本人の常識を共有せず、日本人は朝鮮半島の人々の常識を共有しない。確かに常識を後から学校等で学習し、そこに住む人々の真似をすることはできる。しかし同じ知識でも、それを後から理屈として覚えた人と、生まれた時からそれを疑うべからざる常識として身につけた人では、その結果としての行動の意味合いは、天と地ほども隔たっている。何故なら、常識とは理屈により「学ぶ」ものではないからである。

朝鮮半島という異郷では、我々は所詮アウトサイダー、つまりは「奇人」でしかあり得ない。本書が見事なのは、古田氏がそのことをよく認識し、「奇人」の役回りに徹して見せていることである。少し脱線になるが、「まえがき」にも書かれているように、古田氏が「良心的知識人」に対し、時に過剰にさえ見えるほどの批判的な筆致で臨むのも、また、恐らく同じ理由からであろう。彼は言う。「既存のイデオロギーや倫理によって」朝鮮半島を見たのでは、本当の姿は見えてこない。それは、本当は朝鮮半島について何も知らない彼らが、したり顔で語ろうとするからに他ならない。イデオロギーや倫理、そしてその延長線上にある、安易な「同情」や「共感」をも古田氏は、分析しつつ笑い飛ばす。そう、正に朝鮮民族そのものがそうしてきたように、「理論武装」しつつも「呵呵大笑」するのである。

しかし、自らが「奇人」であることに気づいた時、彼には自らが「奇人」であるからこそできることも、見えてくる。「奇人」は常識の埒外にいるからこそ、それに囚われずに行動することができる。注意深い読者なら、少し読めば、本書には二人の古田氏がいることに気づくであろう。一人は、韓国人の友人達と飲み騒ぎ、凡そ上品とはいえない会話を楽しむ古田氏、そしてもう一人は、その乱痴気騒ぎを、覚めた目で分析する研究者としての古田氏である。そしてその間には朝鮮半島の人――本書で使われている言葉を借りるなら、「サラム」――になろうとしてなれずにいる、本当の古田氏の姿がある。彼等と共に楽しみたいからこそ、彼等が何故それを楽しみ、そこにどういう喜びがあるのかを知りたいと思う。理屈で何とか説明しようとするのだが、その喜びは理屈により説明する、そのことにより消え去ってしまう。本書における古田氏の苦悩はここにあり、こうして彼は二人の古田氏の間を揺れ動き続けることになる。その意味で「奇人」であることは孤独であることと同義なのかもしれない。

だからこそ普通の人は、ここで異郷の地に「奇人」として住むことに耐え切れず、この困難な作業を諦めてしまう。こういった場合、多くの人がするのは、わからないから交わりを持つのをやめてしまうか、逆に、わからないのにわかったふりをするか、のどちらかである。わからないからといって交わりを拒否するのでは、その人の異郷に対する理解が進むはずがない。逆にわかってもいないのにわかったかのようなふりをして行動するのは、相手に対する欺瞞であり、裏切りであろう。どちらもその土地の人やその考え方を理解するには役立たず、何よりも現実への誠実な態度ではあり得ない。

そんな時、古田氏や筆者も属する「専門家」の世界では、もうひとつの、そして便利な方法がある。それは朝鮮半島という大きな対象を「専門」という名の刀で切り刻み、自らの属する業界の蛸壺へと閉じこもってしまうことだ。実際、今日、筆者を含む、朝鮮半島専門家を自称するほとんどの人々は、このやり方で朝鮮半島の様々な問題を論じようとする。それもまた、自らの慣れ親しんだ「学問」という世界の「常識」に逃げ込むことにより、「奇人」であることを辞めることに他ならない。

しかし、本書での古田氏はこのような方法さえ取ろうとはしない。彼はあくまで朝鮮半島やそこに住む人々を一つの存在として、まるごととらえようとするのである。本書のもう一つの、そして最大の特徴はここにある。古田氏との経験や教養の差、更に、そもそもこの文章が本書の解説として書かれているということさえ無視して言うなら、それは研究者としては殆ど自殺的といってよい試みである。しかも、古田氏はこの試みを、彼が長年を過ごした韓国のみならず、休戦ラインにより隔てられた北朝鮮についても展開しようとする。

本書の醍醐味は、古田氏が、この無謀な試みさえ、持ち前のセンスと経験でやすやすとやり遂げてしまうことにある。無機質な巨大建築物が林立する平壌の町並みに、奈良時代の平城京にも比せられる中華コンプレックスを見出し、大同江畔の野遊びに高麗時代以来の雅な遊びを見出すその感性には、参りましたという他はない。「奇人」は、自らについて距離を置いて客観的に眺める能力を持つだけではない。本書における古田氏は、時間と空間さえやすやすと乗り越えて見せるのだ。そしてそれを可能にするのは、何よりも、旺盛な好奇心と豊富な想像力に他ならない。平壌の町並みを眺める古田氏の脳裏には、間違いなく、千三百年前の平城京の町並みや、大同江で遊ぶ千年前の高麗時代の雅人の姿が浮かんでいる。

このように考えると、本書における北朝鮮論が、巷にあふれる北朝鮮ものとも明らかな一線を画していることが明らかになる。それは北朝鮮に対する辛口の姿勢を見せていることから、一見、多くの北朝鮮批判書と類似しているかのように見える。しかし、決定的に異なるのは、古田氏は決して、「北朝鮮はわけのわからない国だ」などとは言わないことだ。本書の大前提は、朝鮮民族は理解できる、ということである。だからこそ、古田氏は、北朝鮮当局による「教化」に真剣に対応して「脳をやられ」、遂には平壌で倒れてしまうまで、この一見不可解な国を理解する為に全力を尽くすことになる。その営みには、貪欲という言葉さえ相応しい。

詳しい内容については、やはり本文を読んでもらうことにしよう。最後に、この解説を書くに当たって本書を繙き、改めて感じたことがある。それは、本書はやはり「ぶっとんだ」本だ、ということだ。但し、それは並みの「ぶっとびかた」ではない。データやその「科学的」分析を旨とする人々は、或いは、本書の論理的「飛躍」を批判するかもしれない。だが、本当に重要なのは、そんな小難しい手続ではなく、結果として得られた内容の筈だ。本書が、朝鮮民族のかなりの部分を「読み解く」ことに成功していることに疑いはない。古田氏は本書で、朝鮮民族の「本質」とでも言えるものを、直接的に把握し、提示しようと試みている。それは恐らく「ぶっとばなければ」到達できないものなのだ。筆者のような臆病な凡人は、ため息をつきながら、ただこの「奇人」の見事な飛び芸を、指をくわえて見ているだけなのかもしれない。

本書は、一九九五年一月二十日、筑摩書房より刊行された。

ドストエーフスキー覚書　森　有正

深い洞察によって導かれた、ドストエフスキーを読むための最高の手引き。主要作品を通して絶望と死、自由、愛、善を考察する。（山城むつみ）

西洋文学事典　桑原武夫監修　黒田憲治／多田道太郎編

この一冊で西洋文学の大きな山を通読できる！20世紀の主要な作品とあらすじ、作者の情報や社会的トピックスをコンパクトに網羅。（沼野充義）

プルタルコス英雄伝（全3巻）　プルタルコス　村川堅太郎編

デルフォイの最高神官、故国の栄光を懐かしみつつローマの平和を享受した〝最後のギリシア人〟プルタルコスが生き生きと描く英雄たちの姿。

和訳　聊斎志異　蒲　松齢　柴田天馬訳

中国清代の怪異短編小説集。仙人、幽霊、妖狐たちが繰り広げるおかしくも艶やかな話の数々。日本の文豪たちにも大きな影響を与えた一書。（南條竹則）

ギルガメシュ叙事詩　矢島文夫訳

ニネベ出土の粘土書板に初期楔形文字で記された英雄ギルガメシュの波乱万丈の物語。「イシュタルの冥界下り」を併録。最古の文学の初の邦訳。

漢文の話　吉川幸次郎

日本人の教養に深く根ざす漢文を歴史的に説き起こし、その由来、美しさ、読む心得や特徴を平明に解説する。贅沢で最良の入門書。（興膳宏）

「論語」の話　吉川幸次郎

人間の可能性を信じ、前進するのを使命であると考えた孔子。その思想と人生を「論語」から読み解く中国文学の碩学による最高の入門書。

「科学者の社会的責任」についての覚え書　唐木順三

核兵器・原子力発電という「絶対悪」を生み出した科学技術への無批判な信奉を、思想家の立場からきびしく問う、著者絶筆の警世の書。（島薗進）

古典との対話　串田孫一

やっぱり古典はすばらしい。デカルトも鴨長明もみんな友達。少年のころから読み続け、今もなお、何度も味わう。碩学が語る珠玉のエッセイ、読書論。

ちくま学芸文庫

朝鮮《ちょうせん》民族《みんぞく》を読《よ》み解《と》く

二〇〇五年三月十日　第一刷発行
二〇一三年六月二十日　第五刷発行

著者　古田博司（ふるた・ひろし）

発行者　熊沢敏之
発行所　株式会社　筑摩書房
東京都台東区蔵前二―五―三　〒一一一―八七五五
振替〇〇一六〇―八―四一二三
装幀者　安野光雅
印刷所　株式会社精興社
製本所　株式会社積信堂

乱丁・落丁本の場合は、左記宛に御送付下さい。
送料小社負担でお取り替えいたします。
ご注文・お問い合わせも左記へお願いします。
筑摩書房サービスセンター
埼玉県さいたま市北区櫛引町二―六〇四　〒三三一―八五〇七
電話番号　〇四八―六五一―〇〇五三

ISBN4-480-08903-9 C0136